# Die schönsten Gedichte für besondere Anlässe

arsEdition

# Inhalt

Als Liebeserklärung,
   zur Verlobung und zur Hochzeit     *5*
Zur Geburt und zur Taufe     *49*
Zum Richtfest und zum Einzug     *61*
Als Trinksprüche und zu fröhlichen Festen     *71*
Zum Geburtstag     *77*
Zur bestandenen Prüfung     *117*
Zu beruflichen Anlässen und Erfolgen     *129*
Zum Jubiläum     *143*
Als Dankeschön an die Liebsten     *167*
Ode an die Freundschaft     *183*
Zur Genesung     *215*
Als Trost und zum Abschied     *233*

*Als Liebeserklärung,
zur Verlobung und zur Hochzeit*

## Geheime Liebe

Unbeglückt muss ich durchs Leben gehen,
Meine Rechte sind nicht anerkannt;
Aus der Liebe schönem Reich verbannt,
Muss ich dennoch stets ihr Schönstes sehen!

Nicht die schwache Zunge darf's gestehen,
Nicht der Blick verstohlen zugesandt,
Was sich eigen hat das Herz ernannt,
Nicht im Seufzer darf's der Brust entwehen!

Tröstung such' ich bei der fremden Nacht,
Wenn der leere lange Tag vergangen,
Ihr vertrau' ich mein geheim Verlangen;

Ist in Tränen meine Nacht durchwacht,
Und der lange leere Tag kommt wieder,
Still ins Herz steigt meine Liebe nieder.

CLEMENS BRENTANO

Küsse, die man stiehlt im Dunkeln
Und im Dunkeln wiedergibt,
Solche Küsse, wie beselgen
Sie die Seele, wenn sie liebt!

Ahnend und erinnrungsüchtig
Denkt die Seele sich dabei
Manches von vergangnen Tagen,
Und von Zukunft mancherlei.

Doch das gar zu viele Denken
Ist bedenklich, wenn man küsst; –
Weine lieber, liebe Seele,
Weil das Weinen leichter ist.

HEINRICH HEINE

# Ich und Du

Wir träumten voneinander
Und sind davon erwacht.
Wir leben, um uns zu lieben,
Und sinken zurück in die Nacht.

Du tratst aus meinem Traume,
Aus deinem trat ich hervor,
Wir sterben, wenn sich Eines
Im andern ganz verlor.

Auf einer Lilie zittern
Zwei Tropfen, rein und rund,
Zerfließen in Eins und rollen
Hinab in des Kelches Grund.

FRIEDRICH HEBBEL

## Der andere

Nirgends vergisst sich so leicht
Der Liebe Lust, der Liebe Schmerz
Wie in den Armen eines andern.

Schwarz war dein Auge, mein Freund,
Schwarz wie die Nacht, wolkenumhüllt.
Blau strahlt das Auge des andern.

Keiner wohl küsste wie du,
Sanft wie ein Hauch am Maientag.
Stürmisch jetzt küsst mich der andre.

Treulos und falsch war dein Herz.
Doch auch dafür find' ich Ersatz,
Denn schon betrügt mich der andre.

FRANK WEDEKIND

# Das Herz

Aufs Herz behaupten oft die Damen,
Ach! Auf das Herz kommt alles an;
Das Herz vereinigt Weib und Mann,
Das Herz nur ist der Angel oder Hamen,
Wodurch man Lieb und Glück erfischen kann.
Doch was für einen Talisman
Verstehn wohl unter Herz die Damen?

So alles, wie man will, kommt ihnen nicht drauf an,
Mir dünket: Herz ist ihnen nur ein Namen
Für etwas, das durch Dorf und Stadt
Zwar Namen gnug, doch keinen hübschen hat.
Und so ist Herz der Eleganz zum Ruhme
Wohl weiter nichts als eine Redeblume.

Zwar hat einst Plato, wie bekannt,
Von Herzensbanden viel vernunftet,
Man hat ihm nachgelallt, doch nicht in Griechenland
Noch anderswo, so viel man fand
Hat man sich in der Tat so recht mit ihm verzunftet.

Man fand gar bald ins Liebesband
Sich mit Vernunft hineinstudieren
Heißt weiter nichts, als die Vernunft verlieren,
In Amors schöner Kunst verspricht
Nur die Natur den besten Unterricht.

GOTTFRIED AUGUST BÜRGER

Liebe ist, sich zu vertrauen.
Liebe ist, gemeinsam in den Himmel zu schauen
Liebe ist, Hand in Hand durchs Leben zu gehen.
Liebe ist, die gleichen Sterne zu sehen.
Liebe ist, sich ohne Worte zu verstehen.
Liebe ist, in schweren Zeiten zueinander stehen.
Liebe ist, niemals etwas zu bereuen.
Liebe ist, sich auch über wenig zu freuen.
Liebe ist, jede Sekunde an dich zu denken.
Liebe ist, mein Herz dir zu schenken

VERFASSER UNBEKANNT

Das kostbarste Gut im Leben ist Liebe,
die nicht trügt.
Liebe, die von Herzen liebt,
ist am reichsten,
wenn sie gibt.
Liebe, die von Opfern spricht,
ist die wahre Liebe nicht.

VERFASSER UNBEKANNT

Magst du zweifeln, dass die Sterne glühen,
magst du zweifeln, dass die Sonne sich bewegt,
magst die Wahrheit du für Lüge halten,
zweifle aber niemals an der Liebe!

WILLIAM SHAKESPEARE

Wie Schatten flieht die Lieb',
indem man sie verfolgt.
Sie folgt dem, der sie flieht,
und flieht den, der ihr folgt.

WILLIAM SHAKESPEARE

Verlobung – wunderbare Zeit
voll Liebe und Gemeinsamkeit!
Viel Glück dazu, dass jeder findet,
was treulich aneinander bindet!

Lasst die Verlobungs-Fahnen
im frischen Winde wehn!
Wie schön, zu zweit zu planen
und einen Weg zu gehn!

Wenn sich er und sie verbinden,
ist man Bräutigam und Braut.
Sucht das Glück! Es ist zu finden,
wenn man liebt und sich vertraut!

VERFASSER UNBEKANNT


Es ist der Liebe heiliger Götterstrahl,
welcher in die Seele schlägt und zündet,
wenn sich Verwandtes zu Verwandtem findet.
Da nützt kein Widerstand und keine Wahl,
es löst der Mensch nicht, was der Himmel bindet.

FRIEDRICH VON SCHILLER

Dass nimmer trübe Ungemach,
dass fern euch bleibe Not und Schmach,
dass nie ihr eine Träne weint,
dass stets in Liebe ihr vereint,
dass stets ihr aller Sorgen bar,
das wünsch' ich dem verlobten Paar!

THEODOR STORM


Woher sind wir geboren?
Aus Lieb.
Wie wären wir verloren?
Ohne Lieb.
Was hilft uns überwinden?
Die Lieb.
Kann man auch Liebe finden?
Durch Lieb.
Was soll uns stets vereinen?
Die Lieb.

JOHANN WOLFGANG VON GOETHE

O glücklich, wer ein Herz gefunden,
das nur in Liebe denkt und sinnt
und, mit der Liebe treu verbunden,
sein schön'res Leben erst beginnt.

Wo liebend sich zwei Herzen einen,
nur eins zu sein in Freud und Leid,
da muss des Himmels Sonne scheinen
und heiter lächeln jede Zeit!

HEINRICH HOFFMANN VON FALLERSLEBEN


Wenn sich er und sie verloben,
verändert sich das ganze Leben.
Denn sie wollen feierlich geloben,
sich als Braut und Bräutigam zu geben.
Wir wünschen, dass dies Liebes-Stück
Bald endet in lebenslangem Glück.

VERFASSER UNBEKANNT

Nur liebend ist dein Herz ein Herz
Was ist die Welt, wenn sie mit dir,
durch Liebe nicht verbunden?
Was ist die Welt, wenn du in ihr,
nicht Liebe hast gefunden?

Verklage nicht in deinem Schmerz
des Herzens schönste Triebe.
Nur liebend ist dein Herz ein Herz,
was wär' es ohne Liebe?

Wenn du die Liebe nicht gewannst,
wie kannst du es ermessen,
ob du ein Glück gewinnen kannst,
ob du ein Glück besessen?

AUGUST HEINRICH HOFFMANN VON FALLERSLEBEN


Lebe lustig, lebe heiter,
küss die Jungen und so weiter,
denn schon die Apostel schrieben
du sollst deinen Nächsten lieben.

VERFASSER UNBEKANNT

Welch ein Scheiden ist seliger
als zu scheiden von Mädchentagen?
Welch ein Klagen ist fröhlicher
als in Myrten um Veilchen klagen?
Da dein Schifflein im Hafen lag,
meerwärts sich oft die Wimpel regten,
ob auch heimischer Wellenschlag,
Land und Himmel es treulich hegten.
Nun die Anker gelichtet sind,
o wie köstlich die Fahrt ins Weite!
Düfte schwimmen im Frühlingswind,
und du lächelst an seiner Seite.
Manch ein segnender Seufzer schwingt
sich ins Segel, es lind zu schwellen.
Lass das Lied, das die Liebe singt,
sich als günstigen Hauch gesellen.

PAUL HEYSE

Mit jemandem leben oder in jemand leben,
ist ein großer Unterschied. Es gibt Menschen,
in denen man leben kann, ohne mit ihnen zu leben,
und umgekehrt. Beides zu verbinden,
ist nur der reinsten Liebe und Freundschaft möglich.

JOHANN WOLFGANG VON GOETHE


Das will ich mir schreiben in Herz und in Sinn,
dass ich nicht nur für mich auf Erden bin,
dass ich die Liebe, von der ich lebe,
liebend an andere weitergebe.

VERFASSER UNBEKANNT


Wenn du traurig bist,
dann denk an mich!
Schau in den Spiegel und lach für mich!
Du wirst sehen, das ist gut für dich, denn
keiner denkt so oft an dich wie ich!

VERFASSER UNBEKANNT

## Mein Wunsch

König möchte sein, wer wollte!
Was ging mir der König an;
Möchte sitzen tief im Golde,
Wer es listig sich gewann!
Wenn ich ruhig könnte lachen
In Luischens weichem Arm,
Ungestört von stolzen Hachen,
Unbetäubt vom Torenschwarm.
Nur zum süßesten Entzücken
Von der Freude selbst gestimmt,
Und aus ihren Feuerblicken,
Süßen Tod zu ziehn bestimmt.

NOVALIS

## In den Augen liegt das Herz

In den Augen liegt das Herz,
In die Augen musst du sehen,
Willst die Mädchen du verstehen,
Werben um der Liebe Scherz.

Merke, was das Auge spricht,
Ja, das Auge musst du fragen;
Was mit Worten sie dir sagen,
Freund, das ist das Beste nicht!

O es ist ein lieblich Spiel,
Wenn die Augen sich belauschen,
Forschend ihre Blicke tauschen,
Keine Rede sagt so viel.

Sonnenlichtes Farbenschein,
Kündet sich dir im Juwele,
Farben aus dem Sitz der Seele,
Zeigt das Auge nur allein.
Wenn es schwärmt und wenn es lacht,
Wenn es schüchtern freundlich bittet,
Liebend strahlt und fein gesittet,
O wie schön's die Mädchen macht!

Drum verletze frevelnd nicht,
Schenkt das Auge dir Vertrauen,
Kannst den Himmel ja nicht schauen,
Trüben Tränen dort das Licht.

Mag die Sternenwelt untergehn,
Will darüber wenig rechten,
Darf ich nur in stillen Nächten
Liebchens Augensterne sehn

FRANZ VON KOBELL


Mir fehlt deine Wärme,
mir fehlt deine Nähe,
mir fehlen deine Augen
in die ich so gerne sehe.
Kurz gesagt, ich gebe zu,
was mir fehlt bist du!

VERFASSER UNBEKANNT

## Heimliche Liebe

Ich lächle dir zu,
doch du siehst es nicht.
Ich beobachte dich,
doch du merkst es nicht.
Ich sehne mich nach dir,
doch du fühlst es nicht.
Wie auf Wolken bewege ich mich fort,
es hält mich weder da noch dort.
Dieses Gefühl der Unruhe in mir –
ich denke, das liegt nur an dir!

VERFASSER UNBEKANNT

Sonnenlicht, Farbenschein,
zeigt sich klar dir im Juwel.
Farben aus dem Sitz der Seele,
zeigt das Auge dir allein.

FRANZ VON KOBELL

Ich hab' dich lieb,
wer kann dafür,
dass sich mein Herz
so sehnt nach dir –
hörst du es schlagen,
– es schlägt für dich –
hörst du es sagen:
Ich liebe dich.

VERFASSER UNBEKANNT


Freudvoll und leidvoll, gedankenvoll sein,
langen und bangen in schwebender Pein,
himmelhoch jauchzend, zu Tode betrübt –
glücklich allein ist die Seele, die liebt.

JOHANN WOLFGANG VON GOETHE

Streut Blumen der Liebe bei Lebenszeit,
bewahret einander vor Herzensleid,
denn kurz ist der Weg,
wo ihr beisammen seid.

VERFASSER UNBEKANNT

Wenn die Nacht kommt und du bist allein,
dich die Sehnsucht quält und Einsamkeit,
dann schau in den Stern und sieh in das Licht
und du weißt: Ich liebe dich!

VERFASSER UNBEKANNT

Die größte Last ist nicht zu schwer,
wenn Lieb' sie teilet,
das Leben ist öd und leer,
wo Lieb' nicht weilet.

VERFASSER UNBEKANNT

Mit fremden Menschen nimmt man sich zusammen,
da merkt man auf,
da sucht man seinen Zweck in ihrer Gunst,
damit sie nutzen sollen.
Allein bei Freunden lässt man frei sich gehen,
man ruht in ihrer Liebe,
man erlaubt sich eine Laune,
ungezähmter wirkt die Leidenschaft,
und so verletzen wir am ersten die,
die wir am zartesten lieben.

JOHANN WOLFGANG VON GOETHE


Freundschaft und Liebe
erzeugen das Glück
des menschlichen Lebens.
Wie zwei Lippen den Kuss,
welcher die Seelen entrückt.

FRIEDRICH HEBBEL

Und ging auch alles um und um,
in dir, in mir, ich lieb' dich drum,
ich lieb' dich drum,
weil du mir bliebst,
ich lieb' dich drum,
weil du vergibst,
ich lieb' dich,
– ach warum »Warum«?
Und blieb' auch meine Lippe stumm,
ich lieb' dich drum,
weil du mich liebst.

THEODOR FONTANE


Blumenduft vom Nachbarsfenster
weht der Wind zu mir herein,
und es scheint ein Gruß der Liebe
aus der Ferne mir zu sein.

VERFASSER UNBEKANNT

Oh zarte Sehnsucht, süßes Hoffen,
der ersten Liebe gold'ne Zeit!
Das Auge sieht den Himmel offen,
es schwelgt das Herz in Seligkeit.
Oh dass sie ewig grünen bliebe,
die schöne Zeit der jungen Liebe!

FRIEDRICH VON SCHILLER


Ich sehe dich in tausend Bildern
lieblich ausgedrückt,
doch keins von allen kann dich schildern,
wie meine Seele dich erblickt.
Ich weiß nur, dass der Welt Getümmel
seitdem mir wie ein Traum verweht
und ein unnennbar süßer Himmel
mir ewig im Gemüte steht.

NOVALIS

Kein Feuer, keine Kohle
kann brennen so heiß
als heimliche Liebe,
von der niemand nichts weiß.

Keine Rose, keine Nelke
Kann blühen so schön,
Als wenn zwei verliebte Herzen
Beieinander tun stehn.

Setz' du mir einen Spiegel
Ins Herz hinein,
Dass du kannst darinnen sehen,
Wie so treu ich es mein'.

DEUTSCHES VOLKSLIED

## Bei dir

Bei dir ist es traut:
Zage Uhren schlagen
wie aus weiten Tagen.
Komm mir ein Liebes sagen –
aber nur nicht laut.

Ein Tor geht irgendwo
draußen im Blütentreiben.
Der Abend horcht an den Scheiben.
Lass uns leise bleiben:
Keiner weiß uns so.

RAINER MARIA RILKE


Unter Wasser zu atmen,
in der Wüste zu angeln,
einem Vogel hinterher zu fliegen,
ist fast so schwer, wie dich zu kriegen!

VERFASSER UNBEKANNT

# Kuss

Auf die Hände küsst die Achtung,
Freundschaft auf die offne Stirn,
Auf die Wange Wohlgefallen,
Sel'ge Liebe auf den Mund;
Aufs geschlossne Aug' die Sehnsucht,
In die hohle Hand Verlangen,
Arm und Nacken die Begierde,
Überall sonst die Raserei.

FRANZ GRILLPARZER


Traue niemals einem Stern,
Sterne funkeln und verglühen.
Traue niemals einer Rose,
Rosen duften und verblühen.
Traue jedoch ewig mir,
denn mein Herz gehört nur dir!

VERFASSER UNBEKANNT

## Es ist Nacht

Es ist Nacht,
und mein Herz kommt zu dir,
hält's nicht aus,
hält's nicht aus mehr bei mir.

Legt sich dir auf die Brust,
wie ein Stein,
sinkt hinein,
zu dem deinen hinein.

Dort erst,
dort erst kommt es zur Ruh,
liegt am Grund
seines ewigen Du.

CHRISTIAN MORGENSTERN


Das niemals laut darf wagen
Für mich zu schlagen!

KAROLINE LOUISE VON KLENKE

Siehst du die kleine weiße Wolke,
die oben am Himmel steht?
Sag keinem, dass ich sie dir schenke,
genieße einfach, dass ich im Moment an dich denke!

VERFASSER UNBEKANNT


Ich lebe, um zu lieben,
um zu lieben, lebe ich,
wenn ich nicht liebe, dann lebe ich nicht
doch wenn ich lebe, dann liebe ich, und zwar nur dich!

VERFASSER UNBEKANNT

# Wunsch

Wenn uns von zitternder Wimper
Die Wonnezähre tropft,
Wenn bebend Lippen an Lippe hängt
Und Ader an Ader klopft,
Was kann uns die Erde noch bieten fortan,
Das matt nicht erbleichen muss?
Sind Ewigkeit und Himmel
Doch unser in jedem Kuss!
Nicht uns, o Herr, nach erloschner Gluth
Ein Leben öde und schaal!
Hernieder auf unser vollstes Glück
Lass zucken den Wetterstrahl,
Dass, wenn der Küsse heißester noch
Uns brennt auf der Lippen Roth,
Wir, Seele in Seele zerrinnend,
Eins werden im flammenden Tod!

ADOLF FRIEDRICH VON SCHACK

## Heimliches Lieben

O du, wenn deine Lippen mich berühren,
Dann will die Lust die Seele mir entführen.
Ich fühle tief ein namenloses Beben
Den Busen heben.

Mein Auge flammt,
Glut schwebt auf meinen Wangen;
Es schlägt mein Herz ein unbekannt Verlangen;
Mein Geist, verirrt
In trunkner Lippen Stammeln
Kann kaum sich sammeln.

Mein Leben hängt in einer solchen Stunde
An deinem süßen, rosenweichen Munde,
Und will, bei deinem trauten Armumfassen,
Mich fast verlassen.

O!, dass es doch nicht außer sich kann fliehen
Die Seele ganz in deiner Seele glühen!
Dass doch die Lippen, die voll Sehnsucht brennen,
Sich müssen trennen!

Dass doch im Kuss mein Wesen nicht zerfließet
Wenn es so fest an deinen Mund sich schließet,
Und an dein Herz,
Das niemals laut darf wagen
Für mich zu schlagen!

KAROLINE LOUISE VON KLENKE


Unbegreiflich wunderbar
Ist und bleibt es, wie ein Paar,
Zwei, die erst so fremd sich sind,
Werden so bekannt geschwind.
Unbegreiflich noch viel mehr,
Wie ein Paar, bekannt so sehr,
Dann so fremd einander grüßt,
Als ob es sich nie geküsst.

FRIEDRICH RÜCKERT

Kein andres Bild kann ich beschwörend schaffen
Von seligen Schatten oder irdischer Hülle,
Das mehr als dein die Seele mir erfülle
Und gegen deine Schönheit gäbe Waffen.
Denn ohne dich mehrt sich der Sehnsucht Kummer,
Bis Amor alle Kraft entreißt dem Herzen.
Wollt' ich an dich nicht denken, meine Schmerzen
Verdoppelt' es, ich sänk in Todesschlummer.
Drum kann die Flucht als Ausweg mir nicht taugen,
Da deine Schönheit feindlich alle Ferne
Besiegt, wie stets der Schnelle zwingt den Schwachen.
Doch Amor trocknet tröstend mir die Augen,
Verspricht für alles Leid mir seine Sterne,
Kein Preis könnt' solches Glück bezahlt mir machen.

MICHELANGELO BUONARROTI


Sanfte Küsse dich zärtlich berühren,
ich wünscht, ich könnt dich immer spüren.
Ich hoffe, du fühlst das Gleiche für mich,
weil sonst mein kleines Herz zerbricht.

VERFASSER UNBEKANNT

Du gabst mir einen ersten Kuss,
davon erkrankt' ich sehr;
Gieb einen zweiten mir anjetzt,
und stell' mich wieder her.
Und giebst du einen dritten mir
alsdann noch hinterdrein,
So werd' ich bis an meinen Tod
gesund und fröhlich sein.

WILHELM MÜLLER


Die Uhr zeigt heute keine Zeit
Ich bin so glücklich von deinen Küssen,
Dass alle Dinge es spüren müssen.
Mein Herz in wogender Brust mir liegt,
Wie sich ein Kahn im Schilfe wiegt.
Und fällt auch Regen heut ohne Ende,
Es regnet Blumen in meine Hände.
Die Stund', die so durchs Zimmer geht,
Auf keiner Uhr als Ziffer steht;
Die Uhr zeigt heute keine Zeit,
Sie deutet hinaus in die Ewigkeit.

MAX DAUTHENDEY

## Süße Bettelei

Ein Bettler klopft' bei dir an
Um einen Kuss – du gabst ihn mir!
Ein Bettler kehrt' ich ein bei dir,
Und kam hervor ein reicher Mann,
So reich am höchsten Glück der Welt,
Dass alles Gold und alles Geld
Nicht solche Schätze kaufen kann!
Doch, ob des Augenblicks Genuss
Mein ganzes Leben auch verschönt,
Hat mich dein Geben so verwöhnt,
Dass ich stets weiter flehen muss
Um einen Kuss – und nimmer frei
Wirst du nun diese Bettelei
Um einen Kuss! Um einen Kuss!

FRIEDRICH MARTIN BODENSTEDT

## Zweifelnder Wunsch

Wenn Worte dir vom Rosenmunde wehen,
Bist du so schön! – gesenkten Angesichts
Und still, bist du so schön! – was soll ich flehen:
O rede mir!? o sage nichts!?
Drum lass mich zwischen beiden Himmeln schwanken,
Halb schweigend, sprechend halb, beglücke mich
Und flüstre mir, wie heimlich in Gedanken,
Das süße Wort: »Ich liebe dich!«

NIKOLAUS LENAU


Ich sehne mich nach wilden Küssen,
Nach wollustheißen Fieberschauern;
Ich will die Nacht am hellen Tag
Nicht schon in banger Qual durchtrauern.

Noch schlägt mein Herz mit raschem Drang,
Noch brennt die Wang' in Jugendgluthen –
Steh' still, lösch' aus mit einem Mal!
Nur nicht so tropfenweis verbluten.

ADA CHRISTEN

# Tristan

Wer die Schönheit angeschaut mit Augen,
Ist dem Tode schon anheimgegeben,
Wird für keinen Dienst auf Erden taugen,
Und doch wird er vor dem Tode beben,
Wer die Schönheit angeschaut mit Augen!
Ewig währt für ihn der Schmerz der Liebe,
Denn ein Tor nur kann auf Erden hoffen,
Zu genügen einem solchen Triebe:
Wen der Pfeil des Schönen je getroffen,
Ewig währt für ihn der Schmerz der Liebe!
Ach, er möchte wie ein Quell versiechen,
Jedem Hauch der Luft ein Gift entsaugen,
Und den Tod aus jeder Blume riechen:
Wer die Schönheit angeschaut mit Augen,
Ach, er möchte wie ein Quell versiechen!

AUGUST VON PLATEN

Die Liebe, die für dich so lauter brennt
Hat nicht im Fleisch des Herzens ihre Haft,
Das sterbliche, irrig, sündig ihr die Kraft
Zu jener Höhe nähm', die sie bekennt.
Doch da ihr Walten Gott und Seele trennt
Gab sie das Auge mir, dir allen Glanz,
So dass zu unsrem Leid ihr Strahlenkranz
Die Sehnsucht weckt, die mir das Herz verbrennt.
Wie Glut und Wärme nichts zu trennen tauge,
So ist mein Blick gebunden an dein Sein,
Dass er das Ebenbild der Schönheit schaue.
Du trägst das Paradies in deinem Auge,
Die Heimat unsrer Liebe, drum will mein
Verlangen Heimkehr unter deine Braue.

MICHELANGELO BUONARROTI

O wie schön ist, dass du nicht
Schön bist all und immer,
Sondern nur, wenn dein Gesicht
Klärt des Lächelns Schimmer.
Das ist, was mir möglich macht,
Ganz für mich zu haben,
Wenn dein Auge mir nur lacht,
Deine Schönheitsgaben.

FRIEDRICH RÜCKERT


Du bist wie eine Blume,
So hold und schön und rein;
Ich schau dich an, und Wehmut
Schleicht mir ins Herz hinein.
Mir ist, als ob ich die Hände
Aufs Haupt dir legen sollt,
Betend, dass Gott dich erhalte
So rein und schön und hold.

HEINRICH HEINE

## An deinen Lippen

Deine Küsse halten mich glühend wach,
Sie gehen wie feurige Sterne ums Dach.
An deinen Lippen wird's Blut mir rot,
Mein Herz springt ins Feuer, mein Auge loht.
Deine Augen wie kleine Monde beim Küssen
Im letzten Himmel verschwinden müssen.

MAX DAUTHENDEY

## Aus dem Sanskrit

Als wir Geheimes leise sprachen,
Wange geschmiegt an Wange
unauflöslich,
verschlungen in Umarmung,
da floss die Nacht vorüber,
die vielen Stunden ungedacht.

BHAVABHUTI

## An die Geliebte

Wenn ich, von deinem Anschaun tief gestillt,
Mich stumm an deinem heilgen Wert vergnüge,
Dann hör ich recht die leisen Atemzüge
Des Engels, welcher sich in dir verhüllt.
Und ein erstaunt, ein fragend Lächeln quillt
Auf meinem Mund, ob mich kein Traum betrüge,
Dass nun in dir, zu ewiger Genüge,
Mein kühnster Wunsch, mein einzger, sich erfüllt?
Von Tiefe dann zu Tiefen stürzt mein Sinn,
Ich höre aus der Gottheit nächtger Ferne
Die Quellen des Geschicks melodisch rauschen.
Betäubt kehr ich den Blick nach oben hin,
Zum Himmel auf – da lächeln alle Sterne;
Ich knie, ihrem Lichtgesang zu lauschen.

EDUARD MÖRIKE

Du edles Wesen, wie im Spiegel findet
in deiner Schönheit lieb und unversehrt
man, was Natur und Himmel uns beschert,
da sie ein unvergleichlich Werk gegründet.
Du holdes Wesen, glaubensvoll empfindet
man, dass zutiefst du, wie's dein Antlitz lehrt,
voll Lieb und Mitleid bist; solch seltner Wert
hat nie so treu mit Schönheit sich verbündet.
Die Liebe greift und Schönheit bindet mich;
voll Huld und Mitleid, sanften Blickes scheinst
du mir mein Herz mit Hoffnung zu belohnen.
Welch ein Gesetz der Welt empöret sich?
Welch eine Grausamkeit, jetzt oder einst,
verwehrt dem Tod, dies schöne Haupt zu schonen?

MICHELANGELO BUONARROTI

# An ***

Ein Augenblick ist mein gewesen:
Du standst vor mir mit einemmal.
Ein rasch entfliegend Wunderwesen.
Der reinen Schönheit Ideal.
Im schmerzlich hoffnungslosen Sehnen.
Im ew'gen Lärm der Menschenschar,
Hört ich die süße Stimme tönen.
Träumt ich das milde Augenpaar.
Allein im Kampf mit dem Geschicke
Und in der Jahre düsterm Gang
Vergaß ich deine Engelsblicke
Und deiner süßen Stimme Klang.
Und lange Kerkertage kannt ich.
Es ward die Brust mir stumm und leer.
Für keine Gottheit mehr entbrannt ich.
Nicht weint ich, lebt ich, liebt ich mehr.
Es darf die Seele nun genesen:
Und du erscheinst zum zweitenmal,
Ein rasch entfliegend Wunderwesen,
Der reinen Schönheit Ideal.
Und wieder schlägt das Herz voll Weihe.

Sein Todesschlummer ist vorbei.
Für eine Gottheit glüht's aufs Neue,
Es lebt, es weint, es liebt aufs Neu.

ALEXANDER PUSCHKIN

# Zur Geburt und Taufe

Du kleiner Mensch, ganz ohne Ahnung,
was Leben heißt und Leben ist,
du bist uns eine ernste Mahnung,
weil du der Reinheit Sinnbild bist.
Rein wie der gute, alte Wein,
den keines Menschen Hand verdarb,
der sich im reinen Sonnenschein
den hellen, goldnen Glanz erwarb.
Das Glas mit Sonnensaft der Reben,
gefüllt bis hin zum hohen Rand,
sei ein Symbol stets für dein Leben.
Dein Schicksal mag dir Fülle geben,
es mag dich stets so hoch erheben,
wie dieses Glas jetzt unsre Hand.

VERFASSER UNBEKANNT


Kinder sind Rätsel von Gott
Und schwerer als alle zu lösen,
aber der Liebe gelingt's,
wenn sie sich selber bezwingt.

FRIEDRICH HEBBEL

Kinderland, du Zauberland,
Haus und Hof und Hecken.
Hinter blauer Wälderwand
Spielt die Welt Verstecken.

DETLEV VON LILIENCRON

Was eine Kinderseele
Aus jedem Blick verspricht!
So reich ist doch an Hoffnung
ein ganzer Frühling nicht.

HEINRICH HOFFMANN VON FALLERSLEBEN

Stets wenn ein Kind das Licht der Welt erblickt,
hat unser Herr ein Stück sich selbst geschickt.
Es heißt, die Liebe ist noch nicht verschwunden,
ein neuer Engel hat zu uns gefunden!

VERFASSER UNBEKANNT

Stolz und glücklich melden wir,
dass ein Junge, stramm und kräftig,
gestern angekommen hier.
… heißt er und schreit heftig.
Doch wir hoffen, mit der Zeit
Wird daraus noch Heiterkeit.
Schon jetzt, schon in der Wiege,
sieht man die künftigen Siege.

GUSTAV FALKE


Denn wir können die Kinder nach
unserem Sinne nicht formen,
so wie Gott sie uns gab, so muss man
sie haben und lieben,
so erziehen aufs Beste und jeglichen
lassen gewähren,
denn der eine hat die, die anderen
andere Gaben.

JOHANN WOLFGANG VON GOETHE

Von Herzen wünschen wir dir, …,
dass du in deinem Leben offenen Händen begegnest;
Hände, die dich begleiten, die dir geben, die dich stützen;
Hände, die lieben, die zärtlich sind und trösten können.

VERFASSER UNBEKANNT

Vier Füße, groß bis mittelklein,
gingen lange Zeit allein.
Jetzt gehen bald auf Schritt und Tritt,
zwei winzig kleine Füße mit.

VERFASSER UNBEKANNT

Könnt ihr nichts anderes eurem Kinde geben,
gebt ihr ihm damit doch das Stück vom Leben,
das wichtig ist – und das es weitergibt.
Denn richtig lebt nur der, der wirklich liebt!

VERFASSER UNBEKANNT

## Geht leise

Es ist müd von der Reise!
Es kommt weit her:
Vom Himmel übers Meer,
Vom Meer den dunklen Weg ins Land,
Bis es die kleine Wiege fand –
Geht leise!

PAULA DEHMEL


Im Märchenbuch, da gibt es gute Feen,
die an der Wiege eines Kindes stehen,
um diesem Menschlein, das so neu im Leben,
viel gute Wünsche mit auf den Weg zu geben!

Die Märchenwesen haben abgenommen,
doch gute Wünsche sind auch heute noch willkommen!
Dem kleinen Schatz, der aus der Wiege lacht,
seien die besten dargebracht.

VERFASSER UNBEKANNT

## Zur Geburt

Wir wünschen euch und eurem Kinde
an Glück, so viel das Herz nur fasst.
Und ein Wilkommensangebinde
sei Gruß dem neuen Erdengast.

Er soll ein braver Junge werden
und euch zur Freude gut gedeih'n.
Ihm leuchte im Gestrüpp auf Erden
des Lebens schönster Sonnenschein.

Euch Eltern aber sei beschieden,
was ihr nur wünscht für euch und ihn.
Im kleinen Heim soll Lust und Frieden
bestehen als des Daseins Sinn!

FRIEDRICH HEBBEL

Wie viel an Glück dieses Kind mag euch schenken,
dabei sollt eines ihr doch stets bedenken:
Es ist Gottes Gabe, euch hat er erkoren,
aus eurer Liebe wurde es geboren.
Drum sollt ihr Liebe horten nicht und sparen,
man kann kein Glück im Banksafe aufbewahren!
Verschwendet man's, verzinst sich's allemal:
Glückliche Kindheit – bestes Kapital!

VERFASSER UNBEKANNT


Drei Engel mögen dich begleiten
für deine ganze Lebenszeit.
Die Englein, die ich meine,
sind Frohsinn, Glück, Zufriedenheit.

VERFASSER UNBEKANNT

Unser Wunsch ist wohl bedacht:
Für das sei immer frei und offen,
was das Leben sinnvoll macht:
Zu lieben, zu glauben, zu hoffen!

VERFASSER UNBEKANNT


Wir bringen ein Kind zur Taufe.
Gott gebe, dass es bald laufe.
Wir wünschen, dass es gedeihe
und nicht zu oft schreie.

VERFASSER UNBEKANNT


Der Gruß ist wirklich gut gemeint:
Wir wünschen herzlich alles Beste
zu diesem feierlichen Feste,
das Jung und Alt so froh vereint.
Der Tauftag möge allgemein
und rundum voller Freude sein!

VERFASSER UNBEKANNT

Herr, Gott, schreib in das Buch des Lebens
Unsres kleinen Täuflings Namen ein
Und lass ihn nicht vergebens
In deinem Namen getaufet sein.

VERFASSER UNBEKANNT


Mach uns mit dir vertraut – und unser Inneres hell.
Öffne Herz und Verstand für deine Wohltaten – weit und breit
für deine Verheißungen – immer und ewig
für deine Herrschaft – über alles und jedes
für deine Entscheidungen – abgründig und tief.

FRANZ VON ASSISI


Dem Täufling mög' es immer wohl ergehen!
Ihm und den Eltern gratuliert man gern.
Es möge unter einem guten Stern
das ganze Leben der Familie stehen!

VERFASSER UNBEKANNT

Unser Wunsch: Viel Glück dem Kleinen!
Mög' dem Täufling leuchtend-froh
stets die helle Sonne scheinen –
und den Eltern ebenso!

VERFASSER UNBEKANNT


Unser Wunsch kommt mit Bedacht:
Lass' dir niemals rauben,
was das Leben wertvoll macht:
Hoffen! Lieben! Glauben!

VERFASSER UNBEKANNT


Zum Tauftag bringen wir die Wünsche dar,
die wir in unseren Gedanken hegen:
An jedem Tage und auf allen Wegen
begleite Gottes reicher Vater-Segen
den kleinen Täufling und das Elternpaar!

VERFASSER UNBEKANNT

# Zum Richtfest und zum Einzug

In jedes Haus, wo Liebe wohnt,
da scheint hinein auch Sonn' und Mond,
und ist es noch so ärmlich klein,
es kommt der Frühling doch hinein.

HEINRICH HOFFMANN VON FALLERSLEBEN


Wir haben zuerst eine Stube gebaut,
wie ihr nun alle mit Augen schaut.
Wir bauten auch eine Kammer dazu,
da findet ihr nach der Arbeit Ruh.
Wir bauten eine Küche ins Haus,
nie lösche die Not das Feuer dort aus.
Fleisch, Butter und Brot
beschere euch immer der liebe Gott;
doch ist viel besser als aller Gewinn
ein fröhlicher, frommer, zufriedener Sinn.
Der gehe nie aus! Gott segne das Haus.

VOLKSGUT

Das neue Haus ist aufgericht',
gedeckt, gemauert ist es nicht.
Noch können Regen und Sonnenschein
von oben und überall herein:
Drum rufen wir zum Meister der Welt,
er wolle von dem Himmelszelt
nur Heil und Segen gießen aus
hier über dieses offne Haus.
Zuoberst woll' er gut Gedeihn
in die Kornböden uns verleih'n;
in die Stube Fleiß und Frömmigkeit,
in die Küche Maß und Reinlichkeit,
in den Stall Gesundheit allermeist,
in den Keller dem Wein einen guten Geist.
Die Fenster und Pforten woll' er weih'n,
dass nichts Unseliges komm herein,
und dass aus dieser neuen Tür
bald fromme Kindlein springen für.
Nun, Maurer, deckt und mauert aus!
Der Segen Gottes ist im Haus!

LUDWIG UHLAND

Herr, lass dir gefallen
dieses kleine Haus,
größre kann man bauen,
mehr kommt nicht heraus.

JOHANN WOLFGANG VON GOETHE

Beim Bauen
muss man schauen
sich nicht zu verhauen,
sonst kommt man in des Elends Klauen.

ABRAHAM A SANTA CLARA

Wenn dieses Haus so lange nur steht,
bis aller Neid und Hass vergeht,
dann bleibt's fürwahr so lange stehn,
bis die Welt wird untergehn.

VOLKSGUT

Der Mensch braucht ein Plätzchen,
und wär's noch so klein,
von dem er kann sagen:
Sieh her, das ist mein!
Hier leb ich, hier lieb ich,
hier ruhe ich aus.
Hier ist meine Heimat.
Hier bin ich zu Haus.

VERFASSER UNBEKANNT


Tragt Glück hinein und Sorgen hinaus,
wünsch ich euch zum neuen Haus.
Zu eurer Heimat werde es schnell,
das euch schützt und wärmet wie ein Fell,
das euch beschirme vor Mühsal und Plag,
euch nur beschere gute Tag!

VERFASSER UNBEKANNT

## Glückwunsch

Brech der lustige Sonnenschein
mit der Tür euch ins Haus hinein,
dass alle Stuben so frühlingshelle;
ein Engel auf des Hauses Schwelle
mit seinem Glanze säume
Hof, Garten, Feld und Bäume,
und geht die Sonne abends nie aus,
führ er die Müden mild nach Haus.

JOSEPH VON EICHENDORFF


Das eigne Heim, es ist vollendet,
behüt's euch Gott, der Gutes sendet,
vor jedem Schaden, allem Ungemach
vom tiefen Keller bis zum hohen Dach.
wir wünschen es sehr, so soll es sein:
Hier zieh'n mit euch Glück und Frieden ein!

VERFASSER UNBEKANNT

Bosheit, Feinde, schlimme Leiden
sollen eure Türe meiden!
Freude, Glück und Sonnenschein
sollen euch willkommen sein!

VERFASSER UNBEKANNT

Wenn du Freunde verlassen oder fortziehen musst,
dann können euch vielleicht tausend Kilometer
voneinander trennen.
Aber für Gedanken und Herzen
gibt es keine Kilometer.

VERFASSER UNBEKANNT

Mal innen dein Zimmer aus,
dass sich daran dein Aug erquicke;
lass außen ungeschmückt dein Haus,
dass es nicht reize Feindesblicke.

FRIEDRICH RÜCKERT

Tragt Glück hinein und Sorgen hinaus,
wünsch ich euch zum neuen Haus.
Zu eurer Heimat werde es schnell,
das euch schützt und wärmt wie ein Fell,
das euch beschütze vor Mühsal und Plag,
euch nur beschere gute Tag!

VERFASSER UNBEKANNT


Lang ersehnt,
jetzt endlich wahr;
ihr habt ein Haus!
Wie wunderbar!
Es sei und bleibe euch allezeit
Glücksquelle der Gemeinsamkeit!

VERFASSER UNBEKANNT


Der Maurer hat's gemauert, der Zimmrer überdacht,
doch dass es hält und dauert,
das steht in Gottes Macht.

VERFASSER UNBEKANNT

Wir regen die Hände
und gründen die Wände,
wir kamen vom Fach
bis unter das Dach.
Gott wollt es beschützen
vor Donner und Blitzen,
vor Regen und Sturm
und Mäusen und Wurm!
Vor Schwamm, dem versteckten,
vor vielen Kollekten,
vor Schulden im Buch
und schlechtem Besuch!

KARL IMMERMANN


Nach vielen Mühen und langer Zeit
bekommt ihr endlich die Belohnung:
Ihr habt glücklich euer Ziel erreicht; es ist so weit.
Frieden, Eintracht, Glück und Freude
in der neuen Wohnung!

VERFASSER UNBEKANNT

*Als Trinksprüche
und zu fröhlichen Festen*

Verehrte, liebe Gäste!
In der Kürze liegt, wie ein altes Sprichwort sagt, die Würze.
Drum würze ich kurz, bündig und getrost
die Unterhaltung mit dem Worte »Prost«!

VERFASSER UNBEKANNT


Solange man nüchtern ist,
gefällt das Schlechte.
Wie man getrunken hat,
weiß man das Rechte.

JOHANN WOLFGANG VON GOETHE


Allen Gästen sei gedankt,
die den Weg hierher genommen.
Und nun wacker zugelangt!
Alles möge gut bekommen!

VERFASSER UNBEKANNT

Wein ist stärker als das Wasser:
dies gestehn auch seine Hasser.
Wasser reißt wohl Eichen um,
und hat Häuser umgerissen:
und ihr wundert euch darum,
dass der Wein mich umgerissen?

GOTTHOLD EPHRAIM LESSING


Der edle Wein
ist doch der beste Schieferdecker,
sein güldner Schein
macht alle Menschen etwas kecker,
ich wundre mich,
dass er so klettern kann und steigen,
und macht, dass sich
die großen Häupter vor ihm neigen.

DES KNABEN WUNDERHORN

Erlauchte Bettler hab ich gekannt,
Künstler und Philosophen gekannt;
doch wüsst ich niemand, ungeprahlt,
der seine Zeche besser bezahlt.

JOHANN WOLFGANG VON GOETHE


Lieb, Leid und Weines Trunkenheit,
ob's nachtet oder tagt,
die göttlichste Betrunkenheit,
die mich entzückt und plagt.

JOHANN WOLFGANG VON GOETHE


Rostig wird des Gleises Schiene,
wenn kein Wagen drüber läuft.
Frostig wird des Mannes Miene,
wenn er ab und zu nicht säuft.

VERFASSER UNBEKANNT

Der liebe Gott hat nicht gewollt,
dass edler Rebensaft verderben sollt –
drum hat er uns nicht nur die Reben,
sondern auch den nöt'gen Durst gegeben!

VERFASSER UNBEKANNT


Oh Alkohol, oh Alkohol,
dass du mein Feind bist, weiß ich wohl.
Doch in der Bibel steht geschrieben,
du sollst auch deine Feinde lieben!

VERFASSER UNBEKANNT


Das Wasser gibt dem Ochsen Kraft
dem Menschen Bier und Rebensaft
drum danke Gott als guter Christ
dass du kein Ochs geworden bist.

VERFASSER UNBEKANNT

Das Leben ist ein Kampf,
die Liebe ein Krampf
die Schule ein Überdruss
das Bier ein Hochgenuss.

VERFASSER UNBEKANNT

Trinke stets mit Maß und Ziel
und trinke mit Verstand.
Wenn das Gläschen wackeln will,
so tu' es aus der Hand.

VOLKSMUND

Auf Hügeln, feurig und sonnig,
da wächst er, der gold'ne Wein;
drum ist er so froh und so wonnig
wie des Himmels Sonnenschein.

FELIX DAHN

# Zum Geburtstag

Sag selbst, was ich dir wünschen soll,
ich weiß nichts zu erdenken.
du hast ja Küch und Keller voll,
nichts fehlt in deinen Schränken.

FRIEDRICH VON SCHILLER


Im Garten blüh'n schon ein Weilchen
Schneeglöckchen, Krokus und Veilchen.
Da hab ich mich nicht lang bedacht
und ein schönes Sträußchen zurechtgemacht.
Das bringe ich dir zum Geburtstagsfest.
Der Frühling dich schön grüßen lässt.
Er sagt, mit allem Sonnenschein
kehrt er so gern bei dir ein,
damit dein neues Lebensjahr
sei sonnig, fröhlich, hell und klar.

FRIEDRICH GÜLL

## Heute Nacht

Bin ich aufgewacht,
hat mir ein Engel
eine Botschaft gebracht.
Ich sinne hin,
ich sinne her,
was das wohl für
eine Botschaft wär.
Endlich fällt mir's ein:
Heut soll dein Geburtstag sein!

VERFASSER UNBEKANNT


Wasser macht weise,
fröhlich der Wein.
Trinke drum beides,
um beides zu sein.

VOLKSMUND

Zum heut'gen frohen Feste
wünsch ich von Herzen dir
das Schönste und das Beste
und deine Liebe mir!
Nimm meinen Wunsch
aus reinem Sinn
und treuer Liebe
freundlich hin!

VOLKSGUT


Der Strauß, den ich gepflücket,
grüß' dich viel tausendmal!
Ich hab' mich oft gebücket,
ach, wohl eintausendmal,
und ihn ans Herz gedrücket
viel hunderttausendmal!

JOHANN WOLFGANG VON GOETHE

Ich wünsche, dass dein Glück
sich jeden Tag erneue,
dass eine gute Tat
dich jede Stund erfreue!
Und wenn nicht eine Tat,
so doch ein gutes Wort,
das selbst im Guten wirkt,
zu guten Taten fort.
Und wenn kein Wort,
doch ein Gedanke schön und wahr,
der dir die Seele mach
und rings die Schöpfung klar.

FRIEDRICH RÜCKERT


Nicht lange will ich meine Wünsche wählen,
bescheiden wünsch ich zweierlei:
Noch fünfzig solcher Tage sollst du zählen
und allemal sei ich dabei!

EDUARD MÖRIKE

Mit freudigem Herzen
voll Jubel und Glück
bring ich dir mein Wünschen
mit strahlendem Blick.

Gern schenkt' ich dir Blumen
von grünender Flur,
doch jetzt so öde
und leer die Natur.

Indes hat zwei Blümchen
mein Herz dir geweiht,
sie heißen Liebe
und Dankbarkeit.

Die will ich schön pflegen
und sorgsam zieh'n,
damit sie im Herzen
für sich immer blüh'n.

VERFASSER UNBEKANNT

Nimm von mir die kleine Gabe,
die ich selbst gebastelt habe,
und den kleinen Wunsch dabei,
dass dir Gott viel Glück verleih'.

VERFASSER UNBEKANNT


Als früh ich heute aufgewacht,
da schlug mein Herz vor Freude,
ich hatte gleich daran gedacht,
es ist dein Geburtstag heute.

VERFASSER UNBEKANNT


Heut zu diesem lieben Feste
wünsch ich dir das Allerbeste;
Glück, Gesundheit, langes Leben
möge der liebe Gott dir geben.

VERFASSER UNBEKANNT

Als du warst ein Kind wie ich,
mochtest du doch sicherlich
an Familienfeiertagen
auch nicht gern Gedichte sagen.
Drum erspar die Verse mir
Und nimm einen Kuss dafür.

VOLKSGUT


Unaufhaltsam, still und leise
mehren sich die Jahreskreise.
Plötzlich macht im Gang der Zeit
eine runde Zahl sich breit.
Wenn du heute früh erwachst,
hast du die … voll gemacht.
Ein jedes Jahr hat seinen Sinn,
so wie es kommt, so nimm es hin.
Für alles, was du tust, hab Dank!
Bleib stets gesund, werd niemals krank!

VERFASSER UNBEKANNT

Den ersten Glückwunsch bring ich dir
und einen schönen Strauß,
Mamachen, du sollst glücklich sein,
und froh tagein, tagaus!

VERFASSER UNBEKANNT

Zum Geburtstag recht viel Glück,
immer vorwärts, nie zurück,
wenig Arbeit recht viel Geld,
große Reisen in die Welt,
jeden Tag gesund sich fühlen,
sechs Richtige im Lotto spielen,
ab und zu ein Gläschen Wein,
dann wirst du immer glücklich sein.

VERFASSER UNBEKANNT

Wir alle wissen, was wir an dir haben,
auch wenn wir es nicht immer sagen.
Doch was wären wir ohne dich,
vergiss es nicht, wir brauchen dich.

VERFASSER UNBEKANNT

Geburtstag ist wohl ohne Frage
der schönste aller Ehrentage.
Drum wollen wir keine Zeit verlieren,
zum Wiegenfest dir gratulieren.
Wenn wir es auch nicht immer sagen,
wir wissen, was wir an dir haben.
Denk stets daran, vergiss es nicht,
wir lieben und wir brauchen dich.

VERFASSER UNBEKANNT

Lebe! Liebe! Lache!
Auf diese Weise
mache dein neues Jahr zu einem Fest,
das dich dein Leben feiern lässt.
Es soll das neue Lebensjahr
noch besser sein wie's alte war!

VERFASSER UNBEKANNT

Ich wünsche dir
einen wolkenlosen Himmel
den Duft der schönsten Blumen
ein Lied
ein Lachen
einen Wunsch,
der in Erfüllung geht,
einfach alles,
das dir Freude schenkt
und dich rundum
glücklich macht.

VERFASSER UNBEKANNT

*Lieber ...,*

zum Geburtstag nimm den schönsten Krug,
den ich mit frischem Trank gefüllt.
Ich bring ihn zu dir und wünsche laut,
dass er nicht nur den Durst dir stillt.
Die Zahl der Tropfen, die er hegt,
sei deinen Tagen zugelegt.
Ein Prosit soll erklingen,
viel Glück und Gesundheit es dir bringen.

VERFASSER UNBEKANNT


Rezept für ein glückliches Lebensjahr:
Man nehme etwas Glück,
von Liebe auch ein Stück,
Geduld, etwas Zeit,
Erfolg und Zufriedenheit.
Das Ganze gut gerührt,
zu langem Leben führt.

VERFASSER UNBEKANNT

Heut zu diesem lieben Feste
wünsch ich dir das Allerbeste;
Glück, Gesundheit, langes Leben
möge der liebe Gott dir geben.

VERFASSER UNBEKANNT

Morgens beim Erwachen schmunzeln,
am Tage nicht die Stirne runzeln,
am Abend singen, dass es schallt:
So wird man 100 Jahre alt!

VERFASSER UNBEKANNT

Zähle deine Jahre nicht.
Zähl' auch deine Haare nicht.
Zähle nur, wie oft du lachst,
und den andern eine Freude machst.

VERFASSER UNBEKANNT

## Ich wünsch dir was

Ich wünsche dir Augen, die die kleinen Dinge des Alltags
wahrnehmen und ins rechte Licht rücken.
Ich wünsche dir Ohren, die die Schwingungen und
Untertöne im Gespräch mit anderen aufnehmen.
Ich wünsche dir Hände, die nicht lange überlegen, ob sie
helfen oder gut sein sollen.
Ich wünsche dir zur rechten Zeit das richtige Wort.
Ich wünsche dir ein liebendes Herz, von dem
du dich leiten lässt.
Ich wünsche dir: Freude, Liebe, Glück, Zuversicht,
Gelassenheit, Demut.
Ich wünsche dir Güte.
Ich wünsche dir Eigenschaften, die dich das werden lassen,
was du bist und immer wieder werden willst –
jeden Tag ein wenig mehr.
Ich wünsche dir genügend Erholung und ausreichend Schlaf,
Arbeit, die Freude macht,
Menschen, die dich mögen und bejahen und dir Mut machen;
aber auch Menschen, die dich anregen, die dir weiterhelfen,
wenn du traurig bist und müde und erschöpft.
Ich wünsche dir viele gute Gedanken und ein Herz,
das in Freude überströmt und in Freude diese Freude
weiterschenkt.

VERFASSER UNBEKANNT

Deine Schnapszahl ist vollbracht,
… (66) Jahre sind geschafft,
bis heute war es keine Frage,
Du bist noch immer Herr der Lage.
Humorvoll und im Herzen jung und munter,
spulst du die nächsten … (44) lässig runter!

VERFASSER UNBEKANNT


Mit zwanzig regiert der Wille,
mit dreißig der Verstand
und mit vierzig das Urteilsvermögen.

BENJAMIN FRANKLIN

## Lobeshymne

Ein Mann, der sich dem Leben anpasst,
der alle Dinge richtig anfasst,
der klar und logisch ist im Denken
dem jeder kann Vertrauen schenken.
Der selten nur verliert die Ruhe –
eisern die Faust, doch Samthandschuhe;
der mit klugem Rat und Geist
uns stets nützlich sich erweist.
Diplomatie, Sinn für Humor,
dem Freunde stets ein offnes Ohr,
nie müde, heißt es »Hoch die Tassen«,
auf den kann jeder sich verlassen.
Wer dies Charakterbild betrachtet
und ist auch geistig nicht umnachtet,
dem ist so klar wie Sonnenschein,
das kann doch nur der .............. sein.

VERFASSER UNBEKANNT

Wieder ist ein Jahr vergangen,
grad erst hat es angefangen,
tröste dich und bleibe froh,
andern geht es ebenso,
lasse dich durch nichts verdrießen,
frohe Stunden zu genießen,
dann sagst du in einem Jahr,
dieses Jahr war wunderbar.

VERFASSER UNBEKANNT


Alt macht nicht die Zahl der Jahre,
alt machen nicht die grauen Haare,
alt ist, wer den Mut verliert
und sich für nichts mehr interessiert.
Drum nimm alles mit Freud' und Schwung,
dann bleibst du auch im Herzen jung.
Zufriedenheit und Glück auf Erden,
sind das Rezept, uralt zu werden.

VERFASSER UNBEKANNT

Das große Glück, noch klein zu sein,
sieht mancher Mensch als Kind nicht ein
und möchte, dass er ungefähr
so 16 oder 17 wär'.

Doch schon mit 18 denkt er: »Halt!
Wer über 20 ist, ist alt.«
Warum? Die 20 sind vergnüglich –
auch sind die 30 noch vorzüglich.

Zwar in den 40 – welche Wende –
da gilt die 50 fast als Ende.
Doch in den 50, peu à peu,
schraubt man das Ende in die Höh'!

Die 60 scheinen noch passabel
und erst die 70 miserabel.
Mit 70 aber hofft man still:
»Ich schaff' die 80, so Gott will.«

Wer dann die 80 biblisch überlebt,
zielsicher auf die 90 strebt.
Dort angelangt, sucht er geschwind
Nach Freunden, die noch älter sind.

Doch hat die Mitte 90 man erreicht
– die Jahre, wo einen nichts mehr wundert –,
denkt man mitunter: »Na – vielleicht
schaffst du mit Gottes Hilfe auch die 100!«

VERFASSER UNBEKANNT


Fröhlichkeit – Traurigkeit, beides kommt vor,
eines ist nur wichtig, trag's mit Humor,
denn Alter ist nicht Zahl der Jahre,
Alter heißt nicht graue Haare!
Nur wer im Alter den Humor behält,
erreicht viel mehr als Gut und Geld.
Du musst nur alles fröhlich sehn,
dann ist es auch mit 70 schön.

VERFASSER UNBEKANNT

## Von null zu null

Die erste Null ist ein Erlebnis,
die zweite nimmt man stolz und leicht,
die dritte Null wird als Ergebnis
meist mühelos und glatt erreicht.

Die vierte Null, mit Schwung erklommen,
kennt gleichfalls keinerlei Problem,
doch ehrlich und genau genommen,
ist sie bisweilen unbequem.

Die fünfte Null trägt man mit Würde,
man fühlt sich fit wie einst im Mai,
die so genannte Halbzeit-Hürde
ist aber sicher schon vorbei.

Die sechste Null zwingt heimlich leise
den Lebenssommer in die Knie,
doch weiter geht die große Reise
mit Zuversicht und Energie.

Die sieb'te Null beschert und spendet
Verehrung, Achtung, auch Respekt,
dem eig'nen Dasein zugewendet
hat mancher schon sich selbst entdeckt.

Die nächste Null tritt dann als achte
kalendermäßig auf den Plan,
nicht stürmisch laut, nein – sachte, sachte
den stillen Dingen zugetan.

Die neunte Null gesund erleben
bleibt meist ein frommer, stiller Traum,
das Fragen und das Antwortgeben
steh'n wie ein Fels im leeren Raum.

So reiht sich eine Null zur andern,
sie fügen sich wie Stein auf Stein,
Gott schenkt uns Leben, lässt uns wandern,
er lehrt uns auch zufrieden sein.

VERFASSER UNBEKANNT

# Das kleine ZIG

Das kleine ZIG ist ein Fanal.
Mit zwanZIG kommt's zum ersten Mal.
Du findst das kleine ZIG recht fein
und möchtest gar noch älter sein.

Mit dreißig macht es dir nichts aus.
Du kennst damit dich ja schon aus
und stehest fleißig und geschickt,
bis es zum nächsten Male »ZIGt«.

Mit vierZIG kommst du zur Besinnung,
gehörst schon fest zu deiner Innung
und machst vielleicht in deinem Glück
auch schon mal einen Blick zurück.

Mit fünfZIG kommt wie Donnerknall
dir vor das kleine ZIG-Signal.
Du schlägst dir an die Brust im Gehen
und denkst: Das woll'n wir doch mal sehen!

Und gehst und gehst mit festem Blick,
und plötzlich macht es wieder … ZIG.
Du bist erstaunt, ja fast perplex,
denn diesmal steht davor die Sechs.

Du sollst das Leben weiter lieben,
steht auch vor deinem ZIG die Sieben!
Dann steht, eh du daran gedacht,
das kleine ZIG schon nach der Acht.

Bei guter Gesundheit sollt' es uns freun,
erreichst du vor dem ZIG die Neun.
Und werden's hundert Jahr – famos! –
Dann bist das ZIG du wieder los!

VERFASSER UNBEKANNT


70 Jahre sind vorbei,
Nicht alle waren sorgenfrei.
Dein neues Lebensjahr sei heiter,
das Schönste auf der Lebensleiter!

VERFASSER UNBEKANNT

## Liebe/Lieber …

Nun ist es auch bei dir so weit,
herzlichen Glückwunsch zur Volljährigkeit.
Ab heute kannst du tun und machen
alle die verrückten Sachen,
die dir das Gesetz und die Eltern nicht erlaubten,
weil sie dich noch zu jung dafür glaubten.

Doch so einfach, wie du denkst, ist das nicht,
es gibt neben der Kür auch eine Pflicht,
das heißt, die Verantwortung für dein Handeln und Denken,
kannst du nicht mehr auf deine Eltern lenken.

Du wirst viele neue Wege gehen
und erst nach Jahren wirst du sehn,
waren sie gut?

Wenn nicht, schaue trotzdem weiter voraus
und denke immer, ich lerne daraus.

Dass dir dies möge stets gelingen
wünschen … aus …. ingen

VERFASSER UNBEKANNT

Die Übung noch einmal von vorn anzufangen,
Denn für den Einzelnen der Ertrag
Ist plus minus null für jeglichen Tag.
Was aber irgend übrig bleibt,
Wird der Kraft der Lebendigen einverleibt.

FRANK WEDEKIND


Jugendfrische hin und her,
erst mit 50 ist man wer.
Schönheitspflege und Diät,
es wird versucht, was alles geht.
Denn mit 50 geht's zur Sache,
nimm's nicht tragisch, sondern lache!

VERFASSER UNBEKANNT


Sechzig Jahre sind vergangen,
seit dein Leben angefangen.
Niemals rasten, niemals ruh'n,
für uns alle stets nur Gutes tun.

VERFASSER UNBEKANNT

Guten Morgen und Hurra!
Die Oma wird heut 60 Jahr.
Bleib, wie du bist, zu jeder Stund.
Vor allem bleib recht lang gesund!
Wir wünschen dir zu deinem Feste
Gesundheit, Glück und nur das Beste!

VERFASSER UNBEKANNT


Die Jugend ist die schönste Zeit,
nur sie hat wahres Glück.
Stets sei dein Herz voll Fröhlichkeit,
denkst du an sie zurück.

VERFASSER UNBEKANNT

*Liebe/Lieber...!*

60 Jahre
von Gott gegeben,
60 Jahre ein erfülltes Leben,
60 Jahre schaffen und streben,
60 Jahre reiches Erleben.
60 Mal Frühling voll Grünen und Mai,
60 Mal zog blühend der Sommer vorbei,
60 Mal Ernte und herbstliche Pracht,
60 Mal Schnee und Heilige Nacht.
60 Jahre reiche Lebenszeit,
60 Jahre mit Freud' und Leid.
60 Jahre ging es tief und auch hoch,
60 Jahre – schön war es doch.
60 Jahre hast du glücklich geschafft,
für die kommenden Jahre geben sie Kraft,
glücklich und zufrieden sollen sie sein,
harmonisch und mit recht viel Sonnenschein.
Alles Gute, beste Gesundheit, viel Freude,
Glück und Gottes Segen wünscht dir...

VERFASSER UNBEKANNT

Ein Spiegel hängt in deinem Zimmer,
du stehst davor, das Haupt geneigt
und seufzest, weil ein grauer Schimmer
sich an deinen Schläfen zeigt.

Beim Lesen streikt dir die Pupille,
und neue Zähnchen brauchst du bald –
du seufzt und murmelst in der Stille:
Ach ja, ich werd nun langsam alt.

Du seufzt und solltest lieber schmunzeln,
kriegt auch dein Haar einen Silberstich
und deine Stirne ein paar Runzeln,
das ist doch alles äußerlich.

Manch einer ist vielleicht erst zwanzig
und außen herrlich von Gestalt,
doch innen schwunglos, trocken, ranzig
und miesepetrig – das ist alt!

Natürlich kannst du nicht mehr wachsen
mit sechzig, – aber immerhin –
so lang du für Humor und Faxen
und Zärtlichkeiten hast 'nen Sinn,

So lange deine Augen glänzen
im Feuer der Begeisterung,
bist du mit deinen sechzig Lenzen
trotz Brille und Gebiss – noch jung!

VERFASSER UNBEKANNT


O Schreck, o Schreck, die Sechs ist weg.
Doch sei nicht traurig, du wirst schon seh'n,
mit 70 wird's erst richtig schön.
Dabei ist nur eines wichtig,
so wie du bist, so ist es richtig.

VERFASSER UNBEKANNT

Sonne und Regen, die wechseln sich ab,
mal geht's im Schritt, mal geht's im Trab!
80 Jahre sind es wert,
Dass man dich besonders ehrt.
Darum wollen wir dir heute sagen,
es ist schön, dass wir dich haben!

VERFASSER UNBEKANNT

Heute ist dein Ehrentag,
an dem dich jeder gerne mag.
Und wer dich ein bisschen kennt,
sagt im Stillen sich: Moment!
Ist das denn tatsächlich wahr?
Wird sie wirklich 90 Jahr'?
Sie ist doch so jung geblieben!
Wir, die dich von Herzen lieben,
wünschen dir heute alles Gute.
Bleibe stets so froh zumute.

VERFASSER UNBEKANNT

Die Jahre der Jugend sind heiter und schön,
oh schade, dass sie so schnell vergehn,
die glücklichen Tage, die fröhlichen Stunden
sind, eh man's denkt, auf einmal verschwunden.

VERFASSER UNBEKANNT


Älter werden schließlich alle.
Doch eines gilt in jedem Falle.
Jeweils alle Lebenszeiten
haben ganz besondre Seiten.
Wer sie sinnvoll nutzt mit Schwung,
Der bleibt sicher 100 Jahre jung.

VERFASSER UNBEKANNT


Zu fünfzigen fehlt nur noch eins:
In Gottes Namen immer weiter!
Nur mutig, nur gesund und heiter!
Dein Glück, dein Leben ist auch meins.

EDUARD MÖRIKE

## Rückblick

Wie hab' ich nun mein Leben verbracht?
Hab' viel gesungen, hab' viel gelacht,
Unzähligen Menschen Freude beschert,
Doch den Fröhlichen stets lieber zugehört.
Denn mein Gedicht, wenn man's nicht übel nimmt,
War immer zuerst nur für mich bestimmt.
Und ward's mit den Jahren wesentlich stiller,
Mir selber pfeif' ich noch oft einen Triller
Im Genusse der höchsten Lebensgabe,
Dass ich nie einen Menschen verachtet habe.
Nur mit Einem lag ich in ewigem Streit,
Mit dem hohlen Götzen der Feierlichkeit.
Denn ein vornehmer Mensch ist selbstverständlich,
Macht nicht seine Vornehmheit extra kenntlich
Und wird sich mit größtem Gewinn bequemen,
Den eigenen Wert nicht ernst zu nehmen,
Weil ihm die, so er sich zu Gast gebeten,
Dann reicher und freier entgegentreten. –
Und wenn nun das Trugbild mählich entschwebt,
Dann sag' ich: Ich habe genug gelebt
Und verspüre wahrlich kein großes Verlangen,
Die Übung noch einmal von vorn anzufangen,

Denn für den Einzelnen der Ertrag
Ist plus minus null für jeglichen Tag.
Was aber irgend übrig bleibt,
Wird der Kraft der Lebendigen einverleibt.

FRANK WEDEKIND


Die Falten um die Stirne dein,
lass sie nur heiter ranken;
das sind die Narben, die darein
geschlagen die Gedanken.

JOSEPH VICTOR VON SCHEFFEL

## Die Alten und die Jungen

»Unverständlich sind uns die Jungen«,
wird von den Alten beständig gesungen;
meinerseits möchte ich's damit halten:
»Unverständlich sind mir die Alten.«
Dieses Am-Ruder-bleiben-Wollen
In allen Stücken und allen Rollen,
dieses Sich-unentbehrlich-Vermeinen
samt ihrer »Augen stillem Weinen«,
als wäre der Welt ein Weh getan –
ach, ich kann es nicht verstahn.
Ob unsere Jungen, in ihrem Erdreisten,
wirklich was Besseres schaffen und leisten,
ob dem Parnasse sie näher gekommen
oder bloß einen Maulwurfshügel erklommen,
ob sie mit anderen Neusittenverfechtern,
die Menschheit bessern oder verschlechtern,
ob sie Frieden sä'n oder Sturm entfachen,
ob sie Himmel oder Hölle machen –
eins lässt sie stehn auf siegreichem Grunde:
sie haben den Tag, sie haben die Stunde;
der Mohr kann gehen, neu Spiel hebt an,
sie beherrschen die Szene, sie sind dran.

THEODOR FONTANE

Welche Freude, wenn es heißt:
»Alter, du bist alt an Jahren,
blühend aber ist dein Geist.«

GOTTHOLD EPHRAIM LESSING


Das Alter ist ein höflich' Mann:
Einmal übers andre klopft er an,
aber nun sagt niemand: »Herein!«
Und vor der Türe will er nicht sein.
Da klinkt er auf, tritt ein so schnell,
und nun heißt's, er sei ein grober Gesell.

JOHANN WOLFGANG VON GOETHE


Doch hat die Mitte 90 man erreicht,
die Jahre, wo einen nichts mehr wundert,
denkt man mitunter: »Na – vielleicht
schaffst du mit Gottes Hilfe auch die 100!«

VERFASSER UNBEKANNT

## Das Alter

Hoch mit den Wolken geht der Vögel Reise,
Die Erde schläfert, kaum noch Astern prangen,
Verstummt die Lieder, die so fröhlich klangen,
Und trüber Winter deckt die weiten Kreise.

Die Wanduhr pickt, im Zimmer singet leise
Waldvöglein noch, so du im Herbst gefangen.
Ein Bilderbuch scheint alles, was vergangen,
Du blätterst drin, geschützt vor Sturm und Eise.

So mild ist oft das Alter mir erschienen:
Wart nur, bald taut es von den Dächern wieder
Und über Nacht hat sich die Luft gewendet.

Ans Fenster klopft ein Bot' mit frohen Mienen,
Du trittst erstaunt heraus – und kehrst nicht wieder,
Denn endlich kommt der Lenz, der nimmer endet.

JOSEPH VON EICHENDORFF

Aus der Ferne
diesen Wunsch:
glückliche Sterne
und guten Punsch!

Jene für immer,
diesen für heut –
und nimm nichts schlimmer,
als Gott es beut.

Raffe dich, sammle dich,
eins, zwei, drei,
und verrammle dich
gegen Hirnschlepperei.

Brich, was nichts halten will,
brich es entzwei!
Aber hältst du still –
Ist es vorbei.

THEODOR FONTANE

Es ist seltsam mit dem Alter,
wenn man zehn und noch ein Kind,
weiß man glasklar, dass das Alter
so um zwanzig rum beginnt.

Ist man aber selber zwanzig,
denkt man nicht mehr ganz so steif,
glaubt jedoch, genau um vierzig
sei man für den Sperrmüll reif.

Vierziger, schon etwas weiser
und vom Leben schon geprägt,
haben den Beginn des Alters
auf Punkt sechzig festgelegt.

Sechziger mit Hang zum Grübeln
sagen dumpf wie ein Fagott,
achtzig sei die Altersgrenze
und von da an sei man Schrott.

Doch die Achtziger, die Klugen,
denken überhaupt nicht dran.
Jung sind alle, die noch lachen,
leben, lieben, weitermachen.
Alter? – Fängt mit hundert an!

VERFASSER UNBEKANNT


Auf dem Wege deines Lebens sind ... Jahre jetzt dahin.
Kein Tag war je vergebens,
doch jetzt ist es ein Neubeginn.
Denk darüber nach,
was in den Jahren als gut und richtig du erkannt,
versuch es immer zu bewahren
mit Güte und Verstand.
Sei dankbar,
dass gesund du bist und erfreue dich deines Lebens,
und sollt es einmal nicht so sein
dann denk daran –
du bist nicht allein.

VERFASSER UNBEKANNT

# Zur bestandenen Prüfung

Sag nicht, ich werde,
sag nicht, ich will,
greife dein Werk an
und handle still.

VERFASSER UNBEKANNT

Am Abend ist man klug
für den vergangenen Tag,
doch niemals klug genug
für den, der kommen mag.

FRIEDRICH RÜCKERT

Kannst du nicht wie ein Adler fliegen,
so klettre Schritt für Schritt bergan;
wer mit Mühe den Gipfel gewann,
hat auch die Welt zu Füßen liegen.

VIKTOR BLÜTHGEN

Immer musst du an dir schaffen
wie der Künstler an dem Stein.
Alle Kraft zusammenraffen,
und nie müde darfst du sein.

VERFASSER UNBEKANNT


Sage nie »Das kann ich nicht«.
Vieles kannst du, will's die Pflicht.
Schweres kannst du, will's die Liebe.
Darum dich im Schwersten übe:
Übe Arbeit, Liebe und Pflicht,
sage nie »Das kann ich nicht«.

VERFASSER UNBEKANNT


Nicht Kunst und Wissenschaft allein,
Geduld will bei dem Werke sein.

JOHANN WOLFGANG VON GOETHE

In der Schule wie im Leben
sollte man sein Bestes geben,
denn nur wer sein Bestes gibt,
ist bei jedermann beliebt.

VERFASSER UNBEKANNT


In der Schule, zugegeben,
blieb sogar der Einstein kleben;
geht auch dir mal was daneben,
wirst du es schon überleben.

VERFASSER UNBEKANNT


Algebra, Physik, Chemie,
mancher denkt, er lernt es nie!
Aber mancher, der das dachte,
später doch Karriere machte!

VERFASSER UNBEKANNT

Du solltest, musst du Lehrgeld zahlen,
nicht knirschend mit den Zähnen mahlen:
Es ist doch auf dieser Welt
das am besten angelegte Geld.

VERFASSER UNBEKANNT

»Alles, was man wirklich will,
kann einem auch gelingen«,
sagte sich das Krokodil
und versuchte sich im Singen.

VERFASSER UNBEKANNT

Willst das Große du erreichen,
fange mit dem Kleinen an.
Deine Tadler werden schweigen,
ist das Kleine groß getan.

VERFASSER UNBEKANNT

Willst du sicher und bald
gelangen ans Ziel,
so hoffe wenig,
wünsche nichts,
tue viel!

VERFASSER UNBEKANNT

Bestandene Prüfung: Beifall und Applaus!
Da freut sich herzlich jeder, der dich kennt.
Und lernt man auch im Leben niemals aus:
Ein Dokument bleibt doch ein Dokument!

VERFASSER UNBEKANNT

In unser aller Namen
gratuliere ich zum Examen:
Jetzt beginnt ein neuer Lebensabschnitt!
Und wir alle freun uns und gehen ihn mit!

VERFASSER UNBEKANNT

Wer so die Prüfung meistert,
von dem ist man begeistert;
der Fleiß hat sich rentiert.
Man strahlt; man gratuliert!

VERFASSER UNBEKANNT

Der eine fragt: »Was kommt danach?«
Der and're fragt nur: »Ist es recht?«
Und also unterscheidet sich
der Freie von dem Knecht.

THEODOR STORM

Nach solcher Prüfung ist man doch
erleichtert und entspannt.
Ich gratuliere dem,
der so gut bestand!

VERFASSER UNBEKANNT

Wochenlang war man beklommen,
weil die Zeit der Prüfung kam.
Nun ist die Hürde glatt genommen,
und keiner ist dem Schicksal gram.
Da können wir alle fröhlich jubilieren
und zum bestandenen Examen gratulieren.

VERFASSER UNBEKANNT


In frohen Tönen wird's gesungen:
Glückwunsch zur Prüfung, die gelungen!
Es quält grad das gewisse Ungewisse
vor einer Prüfung ziemlich hart und schmerzlich.
Glatt überwunden sind die Hindernisse!
Man freut sich mit und gratuliert sehr herzlich!

VERFASSER UNBEKANNT

Wenn Fleiß und Glück zusammenkommen,
wird manche Hürde glatt genommen.
Mit Recht ist man dann stolz, froh und heiter.
Gratulation! Weiter so auf der Lebensleiter!

VERFASSER UNBEKANNT


Glückwunsch! Alle Ängste schwanden,
und gezittert wird nicht mehr.
Wer die Prüfung so bestanden,
dem gratuliert man sehr!

VERFASSER UNBEKANNT


Das flücht'ge Lob, des Tages Ruhm
magst du dem Eitlen gönnen;
das aber sei dein Heiligtum:
vor dir bestehen können.

THEODOR FONTANE

Eng ist die Welt,
und das Gehirn ist weit,
leicht beieinander
wohnen die Gedanken,
doch hart im Raume
stoßen sich die Sachen.

FRIEDRICH VON SCHILLER

Rastlos vorwärts musst du streben,
nie ermüdet stille stehn,
willst du die Vollendung sehn;
musst ins Breite dich entfalten,
soll sich deine Welt gestalten;
in die Tiefe musst du steigen,
soll sich dir das Wesen zeigen.
Nur Beharrung führt zum Ziel,
nur die Fülle führt zur Klarheit,
und im Abgrund wohnt die Wahrheit.

FRIEDRICH VON SCHILLER

Nutze deine jungen Tage,
lerne zeitig, klüger sein.
Auf des Glückes großer Waage
steht die Zunge selten ein.
Du musst steigen oder sinken,
du musst herrschen und gewinnen
oder dienen und verlieren,
leiden oder triumphieren,
Amboss oder Hammer sein!

JOHANN WOLFGANG VON GOETHE

# Zu beruflichen Anlässen und Erfolgen

Alle gut verfolgten Dinge hatten bisher Erfolg.

FRIEDRICH NIETZSCHE

Hätte Gott mich anders gewollt,
so hätte er mich anders gebaut;
da er mir aber Talent gezollt,
hat er mir viel vertraut,
Ich brauch es zur Rechten und Linken.
Weiß nicht, was daraus kommt.
Wenn's nicht mehr frommt,
wird er schon winken.

JOHANN WOLFGANG VON GOETHE

Für das Geliebte leiden ist so süß,
und Hoffnung und Erinnerung sind Rosen
von einem Stamme mit der Wirklichkeit,
nur ohne Dornen.

FRANZ GRILLPARZER

Es reden und träumen die Menschen viel
von besseren künftigen Tagen.
Nach einem glücklichen goldenen Ziel
sieht man sie rennen und jagen.
Die Welt wird alt und wieder jung,
doch der Mensch erhofft immer Besserung.

FRIEDRICH VON SCHILLER


Finde dich,
sei dir selber treu,
lerne dich verstehen,
folge deiner Stimme,
nur so kannst du das Höchste erreichen.

BETTINA VON ARNIM


Ein jeder Wunsch, wenn er erfüllt,
kriegt augenblicklich Junge.

WILHELM BUSCH

Ein jeglicher versucht sein Glück,
doch schmal nur ist die Bahn zum Rennen.
Der Wagen rollt, die Achsen brennen.
Der Held dringt kühn voran,
der Schwächling bleibt zurück,
der Stolze fällt mit lächerlichem Falle. –
Der Kluge überholt sie alle.

FRIEDRICH VON SCHILLER


Nicht aus des Herzens bloßem Wunsche
keimt des Glückes schöne Götterpflanze auf.
Der Mensch soll mit der Mühe Pflugschar
sich des Schicksals harten Boden öffnen,
soll des Glückes Erntetag sich selbst bereiten
und Taten in die offnen Furchen streun.

HEINRICH VON KLEIST


Am Mute hängt der Erfolg.

THEODOR FONTANE

Wonach du sehnlich ausgeschaut,
es wurde dir beschieden.
Du triumphierst und jubelst laut:
Jetzt hab ich endlich Frieden!

Ach, Freundchen, rede nicht so wild,
bezähme deine Zunge!

Zwischen Hochmut und Demut steht ein Drittes,
dem das Leben gehört, und das ist einfach der Mut.

THEODOR FONTANE

Wer jeden Abend sagen kann: »Ich habe gelebt«,
dem bringt jeder Morgen einen neuen Gewinn.

SENECA

Reizvoll klinget des Ruhms lockender Silberton
in das schlagende Herz, und die Unsterblichkeit
ist ein großer Gedanke.

FRIEDRICH GOTTLIEB KLOPSTOCK

Fünfzig Jahre bleibt der Name
vorzüglicher Menschen in der Erinnerung des Volks.
Weiterhin verschwindet er oder wird märchenhaft.

JOHANN WOLFGANG VON GOETHE


Glück kommt nicht von außen;
man muss es in sich selbst erkämpfen.
Dass man es erkämpfen kann, macht Mut.

ALEXANDER VON HUMBOLDT


Sieh nicht, was andere tun,
der anderen sind so viele.
Du kommst nur in ein Spiel,
das nimmermehr wird ruhn.
Geh einfach Gottes Pfad,
lass nichts sonst Führer sein,
so gehst du recht und grad
und gingst du ganz allein.

VERFASSER UNBEKANNT

# Ich

Die Ehre hat mich nie gesucht;
sie hätte mich auch nie gefunden.
Wählt man, in zugezählten Stunden,
ein prächtig Feierkleid zur Flucht?

Auch Schätze hab ich nie begehrt.
Was hilft es sie auf kurzen Wegen
für Diebe mehr als sich zu hegen,
wo man das Wenigste verzehrt?

Wie lange währt's, so bin ich hin,
und einer Nachwelt untern Füßen?
Was braucht sie, wen sie tritt zu wissen?
Weiß ich nur, wer ich bin.

GOTTHOLD EPHRAIM LESSING


Erst, wenn man das Ziel erreicht hat, weiß man,
ob sich der Schweiß auszahlt,
den man dafür vergossen hat.

VERFASSER UNBEKANNT

## So und nicht anders

Die Menschen kümmerten mich nicht viel,
eigen war mein Weg und Ziel.

Ich mied den Markt, ich mied den Schwarm,
andre sind reich, ich bin arm.

Andere regierten (regieren noch),
ich stand unten und ging durchs Joch.

Entsagen und lächeln bei Demütigungen,
das ist die Kunst, die mir gelungen.

Und doch wär's in die Wahl mir gegeben,
ich führte noch einmal dasselbe Leben.

Und sollt' ich noch einmal die Tage beginnen,
ich würde denselben Faden spinnen.

THEODOR FONTANE

# Durch!

Ein Adler saß am Felsenbogen,
Den lockt' der Sturm weit übers Meer,
Da hatt er droben sich verflogen,
Er fand sein Felsennest nicht mehr,
Tief unten sah er kaum noch liegen
Verdämmernd Wald und Land und Meer,
Musst höher, immer höher fliegen,
Ob nicht der Himmel offen wär.

JOSEPH VON EICHENDORFF


Ursprünglich eig'nen Sinn
Lass dir nicht rauben!
Woran die Menge glaubt,
ist leicht zu glauben.

JOHANN WOLFGANG VON GOETHE

Glaube und Liebe und Hoffnung
Sollen nie aus meinem Herzen weichen,
dann gehe ich, wohin es soll
und werde gewiss am Ende sagen:
Ich habe gelebt!
Und wenn es kein Stolz
und keine Täuschung ist,
so darf ich wohl sagen,
dass ich in jeden Stunden
nach und nach,
durch die Prüfung meines Lebens,
fester und sicherer geworden bin.

FRIEDRICH HÖLDERLIN


Hör nicht auf das,
was andre schrei'n,
wage stets,
du selbst zu sein.

VERFASSER UNBEKANNT

Weichheit ist gut an ihrem Ort,
aber sie ist kein Losungswort,
kein Schild, keine Klinge und kein Griff,
kein Steuer, kein Panzer für dein Schiff.
Du ruderst mit ihr vergebens.
Kraft ist die Parole des Lebens:
Kraft im Zuge des Strebens,
Kraft im Wagen, Kraft im Schlagen,
Kraft im Behagen, Kraft im Entsagen,
Kraft im Ertragen,
Kraft bei des Bruders Not und Leid
im stillen Werke der Menschlichkeit.

FRIEDRICH THEODOR VON VISCHER

Wer sich an andre hält,
dem wankt die Welt.
Wer auf sich selber ruht,
steht gut.

VERFASSER UNBEKANNT

Liegt dir gestern klar und offen,
wirkst du heute kräftig frei,
kannst auch auf ein Morgen hoffen,
das nicht minder glücklich sei.

JOHANN WOLFGANG VON GOETHE


Tapfer ist, wer im Leben
gleich welcher Art
immer getrosten Mutes bleibt.
Mit Recht nennt man
wahrhaftig das Tapferkeit,
dass einer sich selbst besiegt,
den Zorn bezwingt,
durch keine Lockungen
sich umstimmen und beugen lässt,
im Unglück die Fassung nicht verliert,
im Glück nicht übermütig wird
und im Wandel der vielfach wechselnden Dinge
nicht wie eine Windfahne hin und her schwankt.

AMBROSIUS VON MAILAND

Glaube an Wunder, Liebe und Glück.
Schaue nach vorne, niemals zurück.
Tu was du willst und stehe dazu,
denn dieses Leben lebst nur du!

VERFASSER UNBEKANNT

Immer vorwärts, schreite weiter,
auch beim Schwersten steh nicht still.
So wird dir das Leben heiter,
sicher kommst du an das Ziel.

VERFASSER UNBEKANNT

Ursprünglich eig'nen Sinn
lass dir nicht rauben!
Woran die Menge glaubt,
ist leicht zu glauben.

JOHANN WOLFGANG VON GOETHE

# Zum Jubiläum

Mit vierzig Jahren ist der Berg erstiegen,
wir stehen still und schau'n zurück,
dort sehen wir der Kindheit stilles liegen
und dort der Jugend lautes Glück.

Noch einmal schau und dann kräftig weiter
erhebe deinen Wanderstab!
Hin dehnt ein Bergesrücken sich, ein breiter,
und hier nicht, drüben geht's bergab.

Nicht atmend aufwärts brauchst du mehr zu steigen,
die Ebne zieht von selbst dich fort;
dann wird sie sich mit dir unmerklich neigen,
und eh du's denkst, bist du im Port.

FRIEDRICH RÜCKERT

Die einst auf einer Schulbank gesessen,
die können im Leben sich nie vergessen,
sie bleiben, wie weit die Pfade sich scheiden,
einander treu in Freuden und Leiden.
So woll'n auch wir beide es treulich halten:
Ob fern, ob nah, wir bleiben die Alten.

HELENE STÖKL

Rastlos vorwärts musst du streben,
nie ermüdet stille stehn,
willst du die Vollendung sehn;
musst ins Breite dich entfalten,
soll sich dir die Welt gestalten;
in die Tiefe musst du steigen,
soll sich dir das Wesen zeigen.
Nur Beharrung führt zum Ziel,
nur die Fülle führt zu Klarheit,
und im Abgrund wohnt die Wahrheit.

FRIEDRICH SCHILLER

Lebe mit deinem Jahrhundert,
aber sei nicht sein Geschöpf:
Leiste deinen Zeitgenossen,
aber was sie bedürfen,
nicht was sie loben.

FRIEDRICH VON SCHILLER

Zwischen dem Alten,
zwischen dem Neuen,
hier uns zu freuen
schenkt uns das Glück,
und das Vergangen
heißt mit Vertrauen
vorwärts zu schauen,
schauen zurück.

JOHANN WOLFGANG VON GOETHE

Sammle dich zu jeglichem Geschäfte,
nie zersplittre deine Kräfte,
teilnahmsvoll erschließe Herz und Sinn,
dass du freundlich andern dich verbindest.
Doch nur da gib ganz dich hin,
wo du ganz dich wiederfindest.

MARTIN VON BODENSTED


Ein Festtag soll dich stärken
zu deines Werktags Werken,
dass du an dein Geschäfte
mitbringst frische Kräfte.
Du darfst nicht in den Freuden
die Kräfte selbst vergeuden;
neu sollen sie ersprießen
aus mäßigem Genießen.

FRIEDRICH RÜCKERT

Zum Werke, das wir einst bereiten,
geziemt sich wohl ein ernstes Wort;
wenn gute Reden sie begleiten,
dann fließt die Arbeit munter fort.
So lasst uns jetzt mit Fleiß betrachten,
was durch die schwache Kraft entspringt:
denn schlechten Mann muss man verachten,
der nie bedacht, was er vollbringt.
Das ist's ja, was den Menschen zieret,
und dazu ward ihm der Verstand,
dass er im innern Herzen spüret,
was er erschafft mit seiner Hand.

FRIEDRICH VON SCHILLER

Irrtum verlässt uns nie;
doch ziehet ein höher Bedürfnis
immer den strebenden Geist
emsig zur Wahrheit hinan.

JOHANN WOLFGANG VON GOETHE

Was Irdischem gehört,
wird durch die Zeit zerstört;
was Edlem sich geweiht,
verschönt, verklärt die Zeit.

So vor fünfundzwanzig Jahren
standet ihr am Traualtar,
und der Zukunft Tage waren
euch und andern noch nicht klar.

Aber heut im Freundeskreise
Schaut ihr rück auf eure Reise,
für das Ziel, das nicht mehr Schein,
stehen Kind und Enkel ein.

Der Liebe Melodienschatz,
er wechselt wie im Fluge,
die Ehe bleibt im gleichen Satz,
ihr wird die Zeit zur Fuge.

FRANZ GRILLPARZER

Gottes reicher Segen leite
euch auf eurer Wanderschaft,
fünfundzwanzig Jahr' wie heute
noch voll frischer Lebenskraft!

Herrlich mit dem Silberkranze
schmückt der schöne Tag euch heut,
heil, wenn euch in goldnem Glanze
einst ein schönerer erfreut!

VERFASSER UNBEKANNT


Lieblich blühte der grüne Kranz
einst in goldener Locken Glanz;
schöner noch glänzt er heute fürwahr
silbern im leise ergrauten Haar:
Am schönsten nach fünfundzwanzig Jahr
schimmert er golden im silbernen Haar!

HELENE STÖKL

Weichheit ist gut an ihrem Ort,
aber sie ist kein Losungswort,
kein Schild, keine Klinge und kein Griff,
kein Steuer, kein Panzer für dein Schiff.
Du ruderst mit ihr vergebens.
Kraft ist die Parole des Lebens:
Kraft im Zuge des Strebens,
Kraft im Wagen, Kraft im Schlagen
Kraft im Behagen, Kraft im Entsagen,
Kraft im Ertragen,
Kraft bei des Bruders Not und Leid
Im stillen Werke der Menschlichkeit.

FRIEDRICH THEODOR VON VISCHER


Ich bin klein, mein Wunsch ist klein:
Das Silberpaar soll glücklich sein.
Was wir heut mit Silber kränzen,
möge einst im Golde glänzen!

VERFASSER UNBEKANNT

Ihr habt vor fünfundzwanzig Jahren
mit Myrtengrün euch froh geschmückt,
und seitdem voll und ganz erfahren,
wie treue Liebe hoch beglückt.

In trüben wie in schönen Stunden,
im Lebensernst, im Sonnenschein,
habt ihr es tief und wahr empfunden:
Die Eintracht ist das Glück allein!

Fest gründete des Hauses Frieden
sich auf der Herzen schönen Bund.
Und welcher Segen euch beschieden,
ist allen euren Freunden kund.

Um euer Glück noch zu vollenden
erblühten in der Jahre Lauf,
gepflegt von euren treuen Händen
die Kinder fröhlich um euch auf.

Euch feiern heut nun frohe Gäste,
weil sich der Myrte grüner Kranz
an diesem schönen Jubelfeste
verwandelt hat in Silberglanz.

Es möge auch in spätern Jahren
das Glück euch bleiben treu und hold,
damit es einst in Silberhaaren
erglänzt als festlich leuchtend' Gold.

VERFASSER UNBEKANNT


Zufrieden sein ist große Kunst,
zufrieden scheinen bloßer Dunst,
zufrieden werden großes Glück,
zufrieden bleiben Meisterstück.

VERFASSER UNBEKANNT

Goldmacher sind verrufen schier,
wie wohl ein jeder weiß.
Doch bleiben zwei, die längst erprobt:
Die Ehe und der Fleiß.
Der Fleiß macht Gold. Nicht jeder trifft's.
Man plagt sich früh und spat
und dankt zuletzt dem lieben Gott,
wenn man sein Auskomm' hat.
Die Ehe ist viel besser dran,
sie braucht nicht Glück. Nur Zeit:
Nach fünfundzwanzig Jahren ist
sie silbern so wie heut!
Noch fünfundzwanzig (ihr sollt sehn,
ich lad euch freundlich ein),
so wird sie (wie jetzt silbern nur),
so wird sie golden sein!
Wer Lieb und Treu im Herzen trägt
und wem sie Gleiches weiht,
für den ist, wie der Weltsturm braust,
noch heut die goldne Zeit.

FRANZ GRILLPARZER

## Liebes Silberpaar

Zwar zählt ihr lange noch nicht zu den Alten.
Doch sollt ihr heute Rückschau halten.
Euer Leben war nicht immer leicht,
und dennoch habt ihr viel erreicht.
Ihr zeigt uns, dass der Liebe Kraft,
wenn es drauf ankommt, Großes schafft.
Drum wird heute alles überschaut,
was ihr angeschafft und aufgebaut.
Seid stolz! Ihr könnt's mit Fug und Recht,
was ihr erreicht, ist wahrlich nicht schlecht.
Was ihr in guter Zweisamkeit
vollbracht, das würdigen wir heut.

Alles Liebe, Gesundheit
und noch viele gemeinsame Jahre.

VERFASSER UNBEKANNT

## Silberpaar

Wir alle, die wir hier versammelt sind in dieser Runde,
vernahmen sie gerne, die frohe Kunde,
dass heute ihr feiert als Silberpaar,
was einst ihr geschworen vor Tag und Jahr,
nämlich fest zusammenzustehen im Leid wie im Glück,
dies liegt nun ein Vierteljahrhundert zurück.

Dazwischen liegt vieles, was sich zu erinnern lohnt,
doch über allem für uns als Wichtigstes thront,
dass heute ihr dasteht als ebenso einiges Paar,
wie einstmals als grünes vor dem Traualtar.

Wenn auch vieles von dem, was man einst versprochen,
im grauen Alltag der Ehe zerbrochen,
so gibt's in einer Gemeinschaft zu zweit,
neben dem manchmal wirklich notwendigen Streit,
auch vieles, was bindet und zusammenführt
und dies hat bei euch man immer gespürt.

Ihr seid ein Paar, welches passt in die Welt,
weil es fest und treu zusammenhält,
drum sind wir auch gerne zur Feier gekommen
und haben uns fest vorgenommen,

beizutragen zu einem gelungenen Fest,
von dem sich in Jahren noch reden lässt.

Vorab ist jedoch noch eins zu sagen,
wir mussten uns alle tüchtig plagen,
zu finden für diesen festlichen Tag
ein Geschenk, das jeder von euch mag.

Wie schwer wir uns dabei getan,
sieht man uns Gestressten heute noch an.
Hört zu, ich sag's euch, aber ganz leise,
wir schenken euch beiden ein paar Mäuse,
dann könnt ihr, wenn ihr habt die Zeit,
euch etwas aussuchen, natürlich zu zweit.

Nun soll's von uns aber genug sein für heut,
und ihr – versprecht's uns – bleibt, wie ihr seid.
Viel Glück für die Zukunft und bleibt gesund,
dann geht's in fünf Jahren wieder rund.

VERFASSER UNBEKANNT

## Glückwünsche zur Silberhochzeit

Fünfundzwanzig Jahre Eheleben
fest vereint in Glück und Leid,
immer nur das Beste geben,
ist schon keine Kleinigkeit.

Für die kommenden Gezeiten
sei beschert euch Gutes nur,
Glück soll weiter euch begleiten,
bis zur letzten Inventur.

Wir wünschen euch gemeinsam viele
Sonnentage, Gesundheit und Freude
für noch viele Jahre.

VERFASSER UNBEKANNT

Lieber goldner Großpapa,
liebe goldne Großmama,
hier sind wir, um euch zu reichen
diese goldnen Ehrenzeichen,
nehmt's von uns in Liebe an,
alle haben wir teil daran.
Höret Gott auf unsre Bitte,
lässt er euch in unsrer Mitte
viele, viele Jahre noch –
unser Goldpaar lebe hoch!

VERFASSER UNBEKANNT


Wer still steht, geht zurück; wer auf Lorbeeren ruht,
die er nicht brach, liegt nur auf einer schönen Bärenhaut.
Nur wer immer tun will, als schon getan ist,
wird das tun, was er kann.

ERNST MORITZ ARNDT

Man spricht von goldnen Saaten,
man rühmt des Weines Gold,
wer nie die Treu verraten,
ist fest und echt wie Gold.

So haben wir zum Kranze
euch goldne Blüt' geweiht,
zu schau'n in goldnem Glanze
das Bild der alten Zeit.

Blickt hin auf euer Leben,
's war goldner Ernte Bild,
es schimmert euer Streben
wie echtes Gold so mild.

Und wie in Feuersflammen
das Gold sich echt bewährt,
so hieltet ihr zusammen
an Hauses heil'gem Herd.

O wohl, es wird entschwinden
euch froh noch manches Jahr:
Dann werden wir euch winden
Diamant in Strauß und Haar.

VERFASSER UNBEKANNT

Verehrtes Paar, das fünfzig Jahre
die Freude und das Leid geteilt,
das liebreich noch im Silberhaare
gern in dem Kreis der Jugend weilt,
dir bring ich, und es teilen alle
des schönen Augenblickes Lust,
mit hoch geschwungenem Pokale
ein Lebehoch aus voller Brust!

VERFASSER UNBEKANNT

## Zur goldenen Hochzeit

Wenn die Hochzeitsglocke läutet
hör' ich immer gerne zu,
denn ich weiß, ihr Klang bedeutet:
heut ist »Lebensrendezvous« …

Grüne Hochzeit feiern viele,
silberne gibt es auch im Land,
doch zum fünfzigjährigen Ziele
sind die wenigsten im Stand.

Fünfzig Jahre Eheleben
fest vereint in Glück und Leid,
immer nur das Beste geben,
ist schon keine Kleinigkeit.

Was ihr beide nun vollendet,
liebes Jubelehepaar,
hat der Herrgott euch gespendet
als sein Treue-Honorar.

Gab es auch manch schwere Stunde,
blies der Sturm um euer Haus,
mit euch ist das Glück im Bunde,
jedenfalls sieht es so aus.

Für die kommenden Gezeiten
sei beschert euch Gutes nur,
Glück soll weiter euch begleiten,
bis zur letzten Inventur.

Habt noch viele schöne Stunden,
auch noch manchen Höhenflug,
bleibt so lang in Lieb verbunden,
bis Gott sagt: »Jetzt ist es genug.«

VERFASSER UNBEKANNT


Doch glaub, dem alles schön gelingt in seinem Leben,
für den hat bald der Weltkreis nicht mehr Raum.

FRIEDRICH VON SCHILLER

## Zur goldenen Hochzeit

Hiermit wird belegt,
was heute unser Herz bewegt:

Heut' ist ein Tag so wunderschön,
da wir ein Paar in Gold heut' sehn.
Heute wird mal kurze Rast gemacht,
heut' wird Vergangenes überdacht.
Heute wird mal alles überschaut,
was ihr angeschafft und aufgebaut.
So viel gelang euch in eurem Leben,
drum könnt ihr euch zufrieden geben.
Denn eine Leistung ist es gewiss,
wenn man so lang beisammen ist:

Denn heut' wisst ihr ganz genau, Harmonie,
die funktioniert nicht nur mit Theorie.
Ihr wisst heute, wenn Freude und Glück auch rar,
man ist trotzdem immer für einander da.
Heut' wisst ihr, dass man mit Liebe, Treue, Schutz und Kraft,
diese lange Zeit auch schafft.

Und heut' ist es für jeden gut zu sehen,
so wie ihr, sollte ein Paar stets zusammenstehen.

Nun wünschen wir euch noch gemeinsam viele Sonnentage,
Gesundheit, Freude für noch viele Jahre.

VERFASSER UNBEKANNT

Aus den Wolken muss es fallen,
aus der Götter Schoß, das Glück,
und der mächtigste von allen
Herrschern ist der Augenblick.

FRIEDRICH VON SCHILLER

So sauer ringt die kargen Lose
der Mensch dem harten Himmel ab,
doch leicht erworben, aus dem Schoße
der Götter, fällt das Glück herab.

FRIEDRICH VON SCHILLER

## Zur goldenen Hochzeit

Golden, silbern, eisern, ehern
nennt die Alter man der Welt,
und zum mindern von dem Höhern
schreitet fort sie, wird erzählt.

Doch der Mensch in unsern Tagen
sieht die Alter sich verkehrt:
Jugend, die schon Sorgen plagen,
zeigt nur eisern ihren Wert.

Erzgewappnet geht das Leben,
selbst die Liebe wird zum Streit,
und dem stets erneuten Streben
liegt der Ruhe Glück so weit.

Erst nach durchgekämpften Jahren
lacht das Schicksal wieder hold,
und mit Silber in den Haaren
wird die Zeit, die Ehe – Gold.

FRANZ GRILLPARZER

*Als Dankeschön
an die Liebstem*

Mutter, ich grüß dich hübsch und so fein,
so viel als Rosen im Garten drin sein,
so viel als der Mäher an Gräsern abmäht,
so viel als der Sämann an Körnern aussät.
So viel als Fische durchs Wasser schießen,
so viel und noch hunderttausend Mal mehr
will ich dich grüßen.
Und wenn die Welt ein Tintenfass wär,
und der Himmel aus Pergament,
und auf jedem Stern ein Schreiberling wär,
der da schriebe mit Füßen und Händ',
und schriebe so fort bis in den Advent:
Meine Treue und Liebe
hätte noch lange kein End!

VERFASSER UNBEKANNT

Weil heut der Tag der Mutter ist,
bring ich dir einen Strauß.
Komm, suche dir doch auch etwas
von meinem Spielzeug aus.
Ich schenke dir, was dir gefällt,
ist es mir noch so wert:
den Fußball und das Bilderbuch
und selbst mein Schaukelpferd.
Und wenn ich groß gewachsen bin
und Geld verdienen kann,
so kauf ich dir, mein Mütterlein,
das Allerbeste dann.
Ich kaufe dir dann Zuckerzeug
und Brezeln und Konfekt
und freue mich, mein Mütterlein,
wenn es dir herzlich schmeckt.

VERFASSER UNBEKANNT

Lieb und Lust macht Mühe gering;
Liebe ist ein schönes Ding.
Mut wohl hätt ich mehr als Not;
Mutter – Glück und Heil von Gott.

FRANZ GRILLPARZER


Und ob der Maien stürmen will
mit Regenguss und Hagelschlag
wie ein verspäteter April:
Er hat doch einen schönen Tag.
Hat einen Tag, der schlimme Mai,
viel lieber als das ganze Jahr,
und wo es schien mir einerlei,
ob trüb der Himmel oder klar.
Und ist er trübe auch, ich fand
mein Sträußlein doch in Wald und Ried
und kann doch küssen deine Hand
und sagen dir ein schlichtes Lied.

ANNETTE VON DROSTE-HÜLSHOFF

## Lied für alle Mütter

Unsere Blümlein sie blühen so lieblich im Grün,
sie brauchen die Sonne zum schönen Erblühn und
der Mensch braucht ein Herz und der Mensch braucht
ein Herz, dem er seins kann vertraun.

Und die Vöglein sie schweben so hoch in der Luft,
sie brauchen zum Leben die Freiheit und Licht,
doch der Mensch braucht ein Herz, doch der Mensch
braucht ein Herz, dem er seins kann vertraun.

Suchen wir auf der Erde das Glück dieser Welt,
so streben wir oft nur nach Gut oder Geld,
doch der Mensch braucht ein Herz, doch der Mensch
braucht ein Herz, dem er seins kann vertraun.

Wie zum Atmen die Lüfte, zum Trinken den Wein,
so braucht man ein Herz um hier glücklich zu sein,
ja der Mensch braucht ein Herz, ja der Mensch
braucht ein Herz, dem er seins kann vertraun.

VERFASSER UNBEKANNT

## Die Mutterliebe

Ein Kleinod ist das allerbest', das pfleg' ich wohl
und halt es fest
und halt' es hoch in Ehren: das ist die Mutterliebe gut,
die gibt mir immer neuen Mut in allen Lebensschweren.

Und ist dein Herz so freudenleer, und ist dein Aug'
so tränenschwer,
blick' in ihr Aug' hinein: das hat gar lichten,
hellen Strahl
und trocknet die Tränen allzumal wie
Frühlings-Sonnenschein.

JOSEPH VICTOR VON SCHEFFEL

## Und auch im alten Elternhause

Und noch am Abend keine Ruh?
Sehnsüchtig hör' ich dem Gebrause
der hohen Pappeln draußen zu.
Und höre sacht die Türe klinken,
Mutter tritt mit der Lampe ein;
und alle Sehnsüchte versinken,
o Mutter, in dein Licht hinein.

RICHARD DEHMEL


So weich und warm
hegt dich kein Arm,
wie dich der Mutter Arm umfängt.
Nie findest du
so süße Ruh,
als wenn dein Aug an ihrem hängt.

PAUL HEYSE

## An meine Mutter

So gern hätt' ich ein schönes Lied gemacht
von deiner Liebe, deiner treuen Weise;
die Gabe, die für andre immer wacht,
hätt' ich so gern geweckt zu deinem Preise.

Doch wie ich auch gesonnen mehr und mehr,
und wie ich auch die Reime mochte stellen,
des Herzens Fluten wallten darüber her,
zerstörten mir des Liedes zarte Wellen.

So nimm die einfach schlichte Gabe hin,
von einfach ungeschmücktem Wort getragen,
und meine ganze Seele nimm darin:
Wo man am meisten fühlt, weiß man nicht viel zu sagen.

ANNETTE VON DROSTE-HÜLSHOFF

Doch, liebe Mutter, offen will ich's sagen:
Wie mächtig auch mein stolzer Mut sich blähe,
in deiner selig süßen, trauten Nähe
ergreift mich oft ein demutvolles Zagen.
Ist es dein Geist, der heimlich mich bezwinget,
dein hoher Geist, der alles kühn durchdringet,
und blitzend sich zum Himmelslichte schwinget?

HEINRICH HEINE


Vielleicht liebst du die Reichen, dann liebe nicht mich,
es gibt welche, die sind viel reicher als ich.
Vielleicht liebst du die Guten, dann liebe nicht mich,
es gibt welche, die sind viel besser als ich.
Vielleicht liebst du die Schönen, dann liebe nicht mich,
es gibt welche, die sind viel schöner als ich.
Bestimmt liebst du die Liebe, dann liebe nur mich,
denn ich glaube, es gibt keinen anderen, der dich so liebt
wie ich.

VERFASSER UNBEKANNT

## Gedanken an dich

In deinen Armen liegen und wissen,
nicht bleiben zu können.
In deinen Augen zu versinken und wissen,
wieder auftauchen zu müssen.
In deiner Nähe ertrinken und wissen,
doch nicht daran zu sterben.
Sich dir öffnen können und wissen,
nicht ausgeraubt zu werden.
Das mag wohl Liebe sein

VERFASSER UNBEKANNT


Drei Rosen send ich dir!
Die erste ist fürs Wohlergeh'n.
Die zweite ist fürs Wiederseh'n,
die dritte aber leise spricht:
»Ich hab dich lieb, vergiss das nicht!«

VERFASSER UNBEKANNT

Jeden Tag träume ich von dir,
doch du weißt es nicht.
Jeden Tag sehne ich mich nach dir,
doch du weißt es nicht.
Ich möchte, dass du bei mir bist,
doch du weißt es nicht.
Möchte dich spüren und ganz fest halten,
doch du weißt es nicht.
Es tut so weh, wenn ich dich sehe,
doch du weißt es nicht.
Ich tue so, als ob du mich nicht interessierst,
doch du weißt es nicht.
Ich werde dich immer lieben,
doch du wirst es nie erfahren!

VERFASSER UNBEKANNT

## Für dich

Du bist die Ruh', der Friede mild,
die Sehnsucht du und was sie stillt.

Ich weihe dir voll Lust und Schmerz,
zur Wohnung hier mein Aug' und Herz.

Kehr ein bei mir und schließe du
still hinter dir die Pforten zu!

Treib' andren Schmerz aus dieser Brust!
Voll sei dies Herz von deiner Lust.

Dies Augenzelt von deinem Glanz
allein erhellt, o füll es ganz!

FRIEDRICH RÜCKERT

Wenn ich sage, du bist so schön wie eine Rose,
dann stimmt das nicht,
denn die Rose verblüht schnell.
Du hingegen blühst jeden Tag.
Wenn ich sage, du bist wie die Sonne,
dann stimmt das nicht,
denn die Sonne geht abends unter.
Du hingegen strahlst Tag und Nacht.
Ich könnte mit keinen Worten dieser Welt
meine Liebe zu dir beschreiben,
deswegen gebe ich dir das Kostbarste,
was ein Mensch besitzt:
Mein Herz.

VERFASSER UNBEKANNT

## Die zwei Parallelen

Es gingen zwei Parallelen
ins Endlose hinaus,
zwei kerzengerade Seelen
und aus solidem Haus.

Sie wollten sich nicht schneiden
bis an ihr seliges Grab:
Das war nun einmal der beiden
geheimer Stolz und Stab.

Doch als sie zehn Lichtjahre
gewandert neben sich hin,
da wards dem einsamen Paare
nicht irdisch mehr zu Sinn.

Warn sie noch Parallelen?
Sie wusstens selber nicht –
sie flossen nur wie zwei Seelen
zusammen durch ewiges Licht.

Das ewige Licht durchdrang sie,
da wurden sie eins in ihm;
die Ewigkeit verschlang sie
als wie zwei Seraphim.

CHRISTIAN MORGENSTERN

# Ode an die Freundschaft

## Der Freund

Wer auf den Wogen schliefe,
Ein sanft gewiegtes Kind,
Kennt nicht des Lebens Tiefe,
Vor süßem Träumen blind.

Doch wen die Stürme fassen
Zu wildem Tanz und Fest,
Wen hoch auf dunklen Straßen
Die falsche Welt verlässt:

Der lernt sich wacker rühren,
Durch Nacht und Klippen hin
Lernt der das Steuer führen
Mit sichrem, ernstem Sinn.

Der ist vom echten Kerne,
Erprobt zu Lust und Pein,
Der glaubt an Gott und Sterne,
Der soll mein Schiffmann sein!

JOSEPH VON EICHENDORFF

## Vergiss mein nicht

Vergiss mein nicht, wenn lockre kühle Erde
Dies Herz einst deckt, das zärtlich für dich schlug.
Denk, dass es dort vollkommner lieben werde,
Als da voll Schwachheit ichs vielleicht voll Fehler trug.
Dann soll mein freier Geist oft segnend dich umschweben
Und deinem Geiste Trost und süße Ahndung geben.
Denk, dass ichs sei, wenns sanft in deiner Seele spricht;
Vergiss mein nicht! Vergiss mein nicht!

NOVALIS


Nicht das Freuen, nicht das Leiden
stellt den Wert des Lebens dar,
immer nur wird das entscheiden,
was der Mensch dem Menschen war.

LUDWIG UHLAND

Der braune Bär lebt in Sibirien,
in Afrika, da haust das Gnu,
das schwarze Schwein lebt auf Sizilien,
in meinem Herzen haust nur du.

VERFASSER UNBEKANNT


Schneide nie den Faden
der Freundschaft schnell entzwei,
auch wieder neu geknüpfet,
ein Knoten bleibt dabei.

VERFASSER UNBEKANNT


Mögen Engel dich behüten,
wenn wir auseinander gehn,
in der Heimat, in der Ferne,
wenn wir uns nie wiedersehn.

VERFASSER UNBEKANNT

Zwei Täubchen, die sich küssen,
die nichts von Falschheit wissen,
so liebevoll und rein
soll unsere Freundschaft sein.

VERFASSER UNBEKANNT

Nicht wer mit dir lacht,
nicht wer mit dir weint,
nur wer mit dir fühlt,
ist wirklich dein Freund!

VERFASSER UNBEKANNT

Bedrücken dich Kummer und Sorgen,
kann ich dir mein Lächeln borgen,
es macht dich froh und bringt dir Glück,
gib es mir irgendwann zurück!

VERFASSER UNBEKANNT

Wenn jemand schlecht
von deinem Freunde spricht,
und scheint es noch so ehrlich,
glaub ihm nicht!
Spricht alle Welt
von deinem Freunde schlecht,
misstrau der Welt
und gib dem Freunde Recht!
Nur wer so standhaft
seine Freunde liebt,
ist wert,
dass ihm der Himmel Freunde gibt.

LUDWIG II. VON BAYERN


Ganz egal, ob groß, ob klein
jeder fühlt sich mal allein
und ein bisschen einsam,
drum gehen wir gemeinsam –
und das nenn ich Freundschaft!

VERFASSER UNBEKANNT

## Wahres Glück

Dem nur blühet wahres Glück,
den auf seinem Pfade Freundschaft leitet.
Was es seinen Lieblingen bereitet,
gab dir alles das Geschick.
Eins nur ist zu geben mir geblieben
und dies einzige biet ich dir an:
Eine Seele, die dich innig lieben
und dir Freundschaft geben kann.

FRANZ GRILLPARZER


Auf einsamer Mauer
wächst trauriges Moos.
Ich wünsche dir
ein glücklicheres Los.
Wenn Rosen verblühen,
der Diamant bricht,
bricht unsere Freundschaft
in Ewigkeit nicht.

VERFASSER UNBEKANNT

Du sollst Schönes behalten
und Schlechtes vergessen,
dich dankbar erinnern,
was du schon besessen.
Dinge, die kostbar,
auch wenn sie klein.
Freundschaft, die echt war
und Liebe die rein.
Sieh hinter dir Säulen,
nicht nur die Trümmer,
hast auch viel du verloren,
viel bleibt dir noch immer.
Zähl die Tage der Freude,
nicht die Tage der Tränen.
Sei dankbar für jeden gesunden
und schönen.

VERFASSER UNBEKANNT

Wie ist die Ferne weit,
wenn sie zwei Herzen trennt,
und doch, wie nah die Ferne,
wenn man den Freund dort kennt!

VERFASSER UNBEKANNT


Gleiche Sinne, gleiche Herzen,
gleiche Freuden, gleiche Schmerzen,
sind sie nicht der Freundschaft Band,
welches ewig hat Bestand?

VERFASSER UNBEKANNT


Ein Freund, der mir den Spiegel zeigt,
den kleinsten Flecken nicht verschweiget,
mich freundlich warnt, mich herzlich schilt,
wenn ich nicht meine Pflicht erfüllt:
Der ist mein Freund.

CHRISTIAN FÜRCHTEGOTT GELLERT

Die Liebe bricht herein wie Wetterblitzen,
die Freundschaft kommt wie dämmernd Mondenlicht.
Die Liebe will erwerben und besitzen,
die Freundschaft opfert, doch sie fordert nicht.

EMANUEL GEIBEL


Wen du brauchst:
Einen zum Küssen und Augenzubinden,
einen zum Lustige-Streiche-Erfinden.
Einen zum Regenbogen-suchen-Geh'n
und einen zum Fest-auf-dem-Boden-Steh'n.
Einen zum Brüllen, zum Leisesein einen,
einen zum Lachen und einen zum Weinen.
Auf jeden Fall einen, der dich mag,
heute und morgen und jeden Tag!

VERFASSER UNBEKANNT

Kannst du eigentlich ermessen,
welch ein guter Freund du mir?
Solltest du das je vergessen,
wär das gar nicht nett von dir!

VERFASSER UNBEKANNT

Ein kleines blaues Blümchen spricht:
Vergiss mich, liebe Freundin, nicht.
Sind wir beide auch noch klein,
die Freundschaft soll doch ewig sein.

VERFASSER UNBEKANNT

Echte Freundschaft die ist selten,
doch der Feinden sind so viel,
öffnen sich vor dir auch Welten,
Freundschaft setze nie aufs Spiel.

VERFASSER UNBEKANNT

Alles bricht und alles fällt
mit dem Leben in der Welt,
wahre Freundschaft nur allein
soll bei uns unsterblich sein.

VERFASSER UNBEKANNT


Die Freundschaft währt ewig,
die Liebe vergeht,
drum wähle die Freundschaft,
die ewig besteht.
Die Liebe bringt Rosen,
die Freundschaft die Ruh,
drum wähle die beiden
und glücklich bist du!

VERFASSER UNBEKANNT

Primeln und Veilchen
blüh'n nur ein Weilchen:
Rosen und Flieder
verblassen wieder,
Maiglöckchens Düfte im Winde verwehn,
doch unsere Freundschaft soll immer bestehn.

VERFASSER UNBEKANNT


Nie soll der Freundschaft hoher Preis
bloß auf der Zunge spielen.
Ein Freund muss ihn durch regen Fleiß
und durch Verdienste fühlen.
Er muss vom Eigennutze rein
ihm seine ganze Seele weih'n.

VERFASSER UNBEKANNT

Was da blüht in Wald und Flur,
welkt nach kurzer Frist;
reine, treue Freundschaft nur
unvergänglich ist.

VERFASSER UNBEKANNT

Das Wetter und der Wind,
die ändern sich geschwind.
Wie schön, dass gute Freunde
nicht wetterwendisch sind.

VERFASSER UNBEKANNT

Wer die Freundschaft brechen kann,
fing sie nie von Herzen an.
Der wird fälschlich Freund genennt,
der sich von dem Freunde trennt.

FRIEDRICH VON LOGAU

Schön ist, Mutter Natur,
deiner Erfindung Pracht,
auf die Fluren verstreut,
schöner ein froh Gesicht,
das den großen Gedanken
deiner Schöpfung noch einmal denkt.

Aber süßer ist noch,
schöner und reizender,
in dem Arme des Freundes wissen,
ein Freund zu sein,
so das Leben genießen,
nicht unwürdig in Ewigkeit!

FRIEDRICH GOTTLIEB KLOPSTOCK

Wenn Teufel beten und Engel fluchen,
wenn Katz und Mäuse sich besuchen,
wenn alle Mädchen keusch und rein,
dann hör ich auf dein Freund zu sein!

VERFASSER UNBEKANNT

Bist du frech, dann ärgert's mich.
Bist du nett, dann freu ich mich.
Und immer wieder frag ich mich:
Gibt's nen dufteren Typ als dich?

VERFASSER UNBEKANNT


Die Freundschaft gibt zwar nicht
die Seligkeit der Liebe,
doch wär ein Leben hart,
das ohne Freundschaft bliebe.

VERFASSER UNBEKANNT


Freund in der Not will nicht viel heißen;
hilfreich möchte sich mancher erweisen.
Aber die neidlos ein Glück dir gönnen,
die darfst du wahrlich Freunde nennen.

PAUL HEYSE

Unsere Freundschaft soll ewig brennen
wie ein Licht.
Freunde wollen wir uns nennen,
bis der Mops afrikanisch spricht.

VERFASSER UNBEKANNT


Freunde sind wichtig zum Sandkuchenbauen,
Freunde sind wichtig, wenn andre dich hauen,
Freunde sind wichtig zum Schneckenhaussuchen,
Freunde sind wichtig zum Essen von Kuchen,
vormittags, abends, im Freien, im Zimmer…
Wann Freunde wichtig sind? Eigentlich immer!

VERFASSER UNBEKANNT


Ganz egal, ob groß, ob klein
jeder fühlt sich mal allein
und ein bisschen einsam,
drum gehen wir gemeinsam –
und das nenn ich Freundschaft!

VERFASSER UNBEKANNT

Primeln und Veilchen blühn nur ein Weilchen,
Rosen und Flieder verblassen wieder,
Maiglöckchens Düfte im Winde verwehn,
doch unsere Freundschaft soll immer bestehn.

VERFASSER UNBEKANNT

So geht's den Berg hinauf,
und so geht's den Berg hinunter,
und wenn du gute Freunde hast,
dann zähle mich darunter!

VERFASSER UNBEKANNT

Im Alter werden Freunde selten.
Drum, die du hast, die lasse gelten!
Recht kannst du manchmal leicht behalten,
doch schwer den Freund, den guten, alten!

VERFASSER UNBEKANNT

Unsere Freundschaft möge blühen,
still verborgen alle Zeit.
Gleich dem Veilchen, dem verliehen
die Natur die Einfachheit.

VERFASSER UNBEKANNT

Ich kenne jemanden, den ich mag,
und wenn ich dir jetzt leise sag,
dass du dieser jemand bist,
hoffe ich, dass du es nie vergisst.

VERFASSER UNBEKANNT

Wenn zwei gute Freunde sind,
die einander kennen:
Sonn und Mond begegnen sich,
ehe sie sich trennen.

VERFASSER UNBEKANNT

Das ich dir neu bin, ist einerlei.
Ein jeder alte Freund war einmal neu.
Nur, schau den neuen Freund gut an,
ob einst aus ihm ein alter werden kann.

VERFASSER UNBEKANNT


Nimm das Leben nicht so schwer,
sei hilfreich, fröhlich und noch mehr.
Hast du dann das Glück gefunden,
und es gibt mal schwere Stunden,
lass dir eines von mir sagen:
»Nicht verzagen, deine Freundin … fragen!«

VERFASSER UNBEKANNT


Setz einen Spiegel
ins Herz mir hinein,
damit du kannst sehen,
wie treu ich es mein'!

VERFASSER UNBEKANNT

Ich bin dein Baum: o Gärtner, dessen Treue
Mich hält in Liebespfleg' und süßer Zucht,
Komm, dass ich in den Schoß dir dankbar streue
Die reife dir allein gewachs'ne Frucht.
Ich bin dein Gärtner, o du Baum der Treue!
Auf andres Glück fühl' ich nicht Eifersucht:
Die holden Äste find' ich stets aufs Neue
Geschmückt mit Frucht, wo ich gepflückt die Frucht.

FRIEDRICH RÜCKERT


Einen Menschen wissen,
der dich ganz versteht,
der in Bitternissen
immer zu dir steht,
der auch deine Schwächen liebt,
weil du bist sein;
dann mag alles brechen,
du bist nie allein.

MARIE VON EBNER-ESCHENBACH

So lange sich die Welt wird drehn,
wollen wir uns gut verstehn.
Und wenn sie sich mal nicht mehr dreht,
schaun wir mal, wie's weitergeht.

VERFASSER UNBEKANNT

Der Weg zum Gefühl ist asphaltiert.
Das ewige Glück wird nicht garantiert.
Doch wenn du mich brauchst,
dann bin ich bei dir,
ganz egal, was auch passiert.

VERFASSER UNBEKANNT

Du sehnst dich,
weit hinauszuwandern,
bereitest dich zu raschem Flug.
Dir selbst sei treu und treu den andern,
dann ist die Enge weit genug!

VERFASSER UNBEKANNT

Hast du mal die Krise,
dann ruf mich einfach an.
Ich bin zwar auch kein Riese,
doch tu ich, was ich kann.

VERFASSER UNBEKANNT

Die Fliege summt,
die Hummel brummt,
und was mach ich?
Ich denk an dich.

VERFASSER UNBEKANNT

Für dich würde ich Berge versetzen,
dich würde ich niemals verletzen.
Für dich, da würde ich alles riskieren,
denn ich will dich niemals verlieren.

VERFASSER UNBEKANNT

Es braucht nicht jeder
um drei Uhr früh aufzustehen
und fünfzehn Stunden Steine zu klopfen;
man kann sich auch anderweitig im Leben nützlich machen,
mancher bloß dadurch, dass er da ist,
durch Freundschaft, Treue, Liebenswürdigkeit –
alles ohne Anstrengung, ja am schönsten dann,
wenn man das ohne Anstrengung leistet.

THEODOR FONTANE

Wenn die Flüsse aufwärts fließen
und die Hasen Jäger schießen
und die Mäuse Katzen fressen,
dann erst will ich dich vergessen.

VERFASSER UNBEKANNT

Freundschaft, Liebe, Stein der Weisen,
diese drei hört ich preisen,
und ich pries und suchte sie,
aber, ach!, ich fand sie nie.

HEINRICH HEINE

Gehst du ins Leben einst hinaus,
halt eines hoch: dein Elternhaus!
Wie glücklich auch dir fällt dein Los,
vergiss es nicht, es zog dich groß!

VERFASSER UNBEKANNT

Schreib in dein Herz, all die dich lieben,
vergiss sie nicht, ob Groß ob Klein,
denn was du in dein Herz geschrieben,
das wird für alle Zeiten sein.

VERFASSER UNBEKANNT

Traue nicht dem Glanz der Sterne,
Sterne blinken und vergehen.
Traue nicht dem Duft der Rosen,
Rosen duften und verblühen.
Traue aber einem Menschen,
der dich liebt und auch versteht,
der dich braucht und auch vergöttert
und mit dir durchs Leben geht.

VERFASSER UNBEKANNT


Wenn ich bin in Afrika
zwischen Speck und Paprika
und mich dann die Löwen fressen,
dann erst will ich dich vergessen.

VERFASSER UNBEKANNT

Der Fisch ist stumm,
das Reh ist scheu,
der Esel ist dumm,
und ich bin dir treu!

VERFASSER UNBEKANNT

Es sollen blaue Blümchen licht
in deinem Garten sein.
Sie bitten dich:
Vergiss mein nicht,
denn ich gedenke dein.

VOLKSTÜMLICH

Ich speise nicht nah,
ich speise nicht fern,
ich habe nur dich
zum Fressen gern!

VERFASSER UNBEKANNT

Der beste Prüfstein für eine menschliche Beziehung
ist die Fähigkeit, sich auch dann
an den Händen halten zu können,
wenn man geteilter Meinung ist.

VERFASSER UNBEKANNT


Wenn alle untreu werden,
so bleib ich dir doch treu,
dass Dankbarkeit auf Erden
nicht ausgestorben sei.

VERFASSER UNBEKANNT


Wenn alle Ketten reißen,
wenn jedes Herz zerbricht,
wenn alle dich vergessen,
mein Herz vergisst dich nicht.

VERFASSER UNBEKANNT

Sind alle Türen dir verschlossen,
dann klopfe bei mir an.
Bei mir ist immer offen
und gemeinsam packen wir es dann.

VERFASSER UNBEKANNT


Packt dich mal die Krise,
dann ruf mich einfach an.
Ich bin zwar auch kein Riese,
doch tu ich, was ich kann.

VERFASSER UNBEKANNT


Mit dir kann ich über alles reden,
auch was mich traurig macht.
Doch wenn ich's recht bedenke,
haben wir doch meist gelacht.

VERFASSER UNBEKANNT

Der Teufel soll dich holen,
mit Schwefel und Pistolen,
wenn du vergisst,
wer … ist!

VERFASSER UNBEKANNT

Ein jeder Schmerz lässt sich verwinden,
eine jede tiefe Wunde heilt,
nur eine Seele musst du finden,
die alle Sehnsucht mit dir teilt.

VERFASSER UNBEKANNT

Wenn ich glaubte,
ein Wort von mir,
vielleicht unfreundlich,
vielleicht gelogen dazu,
hinterließe auf deinem Gesicht,
das ich liebe,
eine Spur,
einen Hauch von Kummer nur,
dann sagte ich's nicht,
und du?

Wenn ich glaubte,
ein Lächeln von mir
könnte einen Tag lang erfreuen
und immerzu Licht in dein Herz bringen,
schwere Sorgen bezwingen,
ich würde daran nicht sparen,
und du?

VERFASSER UNBEKANNT

# Zur Genesung

In dem ew'gen Kommen, Schwinden,
wie der Schmerz liegt auch das Glück,
und auch heit're Bilder finden
ihren Weg zu dir zurück.

THEODOR FONTANE

Die Sonne blickt mit hellem Schein
so freundlich in die Welt hinein.
Mach's ebenso, sei heiter und froh!

JOHANN GOTTFRIED VON HERDER

Das sind die Starken,
die unter Tränen lachen,
eigne Sorgen verbergen
und andere fröhlich machen.

FRANZ GRILLPARZER

Sei heiter!
Es ist gescheiter
als alles Gegrübel.
Gott hilft weiter;
zur Himmelsleiter
werden die Übel.

THEODOR FONTANE

Du liebster Gott, und wenn man auch allen Sonnenschein
wegstreicht, so gibt es doch noch den Mond
und die hübschen Sterne und die Lampe am Winterabend –
es ist so viel schönes Licht in der Welt.

WILHELM RAABE

Es ist gewiss, dass der Kranke viel zur Aufrechterhaltung
seiner Kräfte und seiner Heilung beitragen kann.

WILHELM VON HUMBOLDT

Wohl dem, der gelernt hat, zu ertragen,
was er nicht ändern kann, und preiszugeben mit Würde,
was er nicht retten kann.

FRIEDRICH VON SCHILLER


Und es zeigt sich wieder, dass Hoffnung und Freude
die besten Ärzte sind.

WILHELM RAABE


Seelenleiden, in die wir durch Unglück oder eigene Fehler
geraten, zu heilen, vermag der Verstand nicht, die Vernunft
wenig, die Zeit viel, die entschlossene Tätigkeit alles.

JOHANN WOLFGANG VON GOETHE


Wer sich entschließen kann, besiegt den Schmerz.

JOHANN WOLFGANG VON GOETHE

Nicht an die Güter hänge dein Herz,
die das Leben vergänglich zieren,
wer besitzt, der lerne verlieren,
wer im Glück ist, der lerne Schmerz.

FRIEDRICH VON SCHILLER


Der körperliche Zustand hängt sehr viel von
der Seele ab. Man suche sich vor allem zu erheitern
und von allen Seiten zu beruhigen.

WILHELM VON HUMBOLDT


Krankheit verabsäumt jeden Dienst,
zu dem Gesundheit ist verpflichtet.
Wir sind nicht wir,
wenn die Natur, im Druck,
die Seele zwingt,
zu leiden mit dem Körper.

WILLIAM SHAKESPEARE

Und wird auch mal der Himmel grauer,
wer voll Vertraun die Welt besieht,
den freut es, wenn ein Regenschauer
mit Sturm und Blitz vorüberzieht.

WILHELM BUSCH

Gehabte Schmerzen, die hab ich gern.

WILHELM BUSCH

Alles fügt sich und erfüllt sich,
musst es nur erwarten können
und dem Werden deines Glücks
Jahr und Felder reichlich gönnen.

CHRISTIAN MORGENSTERN

Der Himmel hat den Menschen als Gegengewicht gegen die vielen Mühseligkeiten des Lebens drei Dinge gegeben: Die Hoffnung, den Schlaf und das Lachen.

IMMANUEL KANT

Möge der Himmel dich bewahren
vor Gefahren, Schmerz und Pein,
möge stets ein guter Engel deines
Lebens Hüter sein.

VERFASSER UNBEKANNT

Mögen die großen Stürme des Daseins
dein Lebensschiff
unbehelligt lassen und du immer einen
sicheren Hafen finden.
Wenn du dein Lebensschiff souverän
steuern kannst,
was kümmern dich dann die Wellen, die
jemand in einer Pfütze macht?

WILLIAM SHAKESPEARE

Möge dein Weg dir stets entgegenkommen,
der Wind dir stets im Rücken sein.
Möge die Sonne dein Gesicht erwärmen,
der Regen sanft auf deine Haut fallen.
Und bis wir uns wiedersehen,
halte Gott dich in seiner Hand.

SEGEN AUS IRLAND

Dein Tun sei wahr,
dein Sinn sei klar,
fromm dein Gemüt,
Gott dich behüt.

VERFASSER UNBEKANNT

Wie der Schmetterling fröhlich fliegend
im hellen Sonnenschein,
möge dir dein ganzes Leben
dereinst beschieden sein.

VERFASSER UNBEKANNT

Lachendes Leben blüh dir entgegen,
lachendes Glück kehr bei dir ein.
Freude sei mit dir auf allen Wegen,
lachender Frühling und Sonnenschein.

VERFASSER UNBEKANNT


Herz, in deinen sonnenhellen Tagen,
halt nicht karg zurück!
Allwärts fröhliche Gesellen
trifft der Frohe und sein Glück.

Sinkt der Stern;
alleine wandern magst du
bis ans Ende der Welt –
bau du nur auf keinen andern
als auf Gott,
der Treue hält.

JOSEPH VON EICHENDORFF

Heute Regen, morgen Sonnenschein,
draußen, da muss es wohl so sein,
doch im Hause, dessen Sonne du bist,
da bleibe es hell zu jeder Frist!

VERFASSER UNBEKANNT

Wenn der Tag nicht hell ist,
sei du heiter!
Sonne und froher Sinn
Sind Gottes Streiter.

FRIEDRICH RÜCKERT

Wandle auf Rosen lange Zeit,
bis an das Ufer der Herrlichkeit.
Dort stehen Engel mit Sternenkronen,
die werden die Liebe und Treue belohnen.

VERFASSER UNBEKANNT

Werde, was du noch nicht bist,
bleibe, was du jetzt schon bist;
in diesem Bleiben und diesem Werden
liegt alles Schöne hier auf Erden.

FRANZ GRILLPARZER


Das Schlechte von gestern,
das soll dich nicht jucken.
Nach vorne, nach vorne,
nach vorn musst du gucken.

VERFASSER UNBEKANNT


Durchwandle froh und heiter
dein Leben Jahr für Jahr.
Das Glück sei dein Begleiter,
dein Himmel ewig klar!

VERFASSER UNBEKANNT

So wie der Glanz der Sterne,
so blühe stets dein Glück,
denk auch in weiter Ferne
recht oft an mich zurück.

VERFASSER UNBEKANNT

Drei Engel mögen dich begleiten
in deiner ganzen Lebenszeit,
und die drei Engel, die ich meine,
sind Liebe, Glück, Zufriedenheit.

VERFASSER UNBEKANNT

Ein Kranz voll Blumen sei dein Leben,
und jeder Tag bring Freude dir.
Das Glück soll immer dich umschweben,
das ist mein Wunsch, das glaube mir.

VERFASSER UNBEKANNT

So viel Dorn ein Rosenstock,
so viel Haar ein Ziegenbock,
so viel Flöh ein Pudelhund,
so viel Jahre bleib gesund!

VERFASSER UNBEKANNT

Dein Leben sei fröhlich und heiter,
kein Leiden betrübe dein Herz.
Das Glück sei stets dein Begleiter,
nie treffe dich Kummer und Schmerz.

VERFASSER UNBEKANNT

Sei »allegro« im Entschlusse
und »adagio« im Genusse!
Wer »piano« seine Freunde liebt
und »forte« seine Pflichten übt,
der spielt in süßer Harmonie
des Lebens schönste Sinfonie!

VERFASSER UNBEKANNT

Dir soll die Zukunft Blüten tragen,
in hellen Farben, leuchtend schön.
Glück und Freude solln an allen Tagen
Hell über deinem Leben stehn!

VERFASSER UNBEKANNT

Ich wünsche dir nicht alles Glück der Welt,
alles Liebe und nur das Beste.
Auch kein Leben ohne Sorgen und Probleme.
Doch ich wünsche dir die Kraft,
um alle Tiefen zu überwinden,
den Mut, immer nach einer Lösung zu suchen,
die Möglichkeit einen Ausweg zu finden.
Möge sich immer ein Türchen öffnen und helles Licht
erscheinen.
Ich wünsche dir ein Strahlen in den Augen,
ein Lächeln um die Lippen,
den Wind im Rücken und die Sonne im Gesicht.
Ich wünsche dir, dass du die Hoffnung
und deine Träume einschließt und ewig bewahrst.
Und auch, dass dein Herz deinen Verstand immer besiegt.

VERFASSER UNBEKANNT

Alle Tage ist kein Sonntag,
alle Tage gibt's kein Wein.
Aber du sollst alle Tage
recht froh und heiter sein.

VERFASSER UNBEKANNT


Sammle dich zu jeglichem Geschäfte,
nie zersplittre deine Kräfte,
teilnahmsvoll erschließe Herz und Sinn,
dass du freundlich andern dich verbindest.
Doch nur da gib ganz dich hin,
wo du ganz dich wiederfindest.

FRIEDRICH MARTIN VON BODENSTEDT


Stell dich mitten in den Wind,
glaub an ihn und sei ein Kind,
lass den Sturm in dich hinein
und versuche gut zu sein.

VERFASSER UNBEKANNT

Möge jeder Tag im Leben
froh und heiter sein.
Alles, was du willst erstreben,
soll zu deinem Besten sein.

VERFASSER UNBEKANNT


Ich wünsch dir ein Glück, das nie versiegt,
ein Glück, das in dir selber liegt.
Das nie dein Herz sich mit sich selbst entzweit,
und was du tust, dich nie gereut.

VERFASSER UNBEKANNT


Ich wünsche dir,
dass du dem Himmel nahe bist
und dabei trotzdem mit der Erde
sicher verbunden.
Deine Wurzeln sollen Wasser finden
und deine Zweige im Licht wachsen.

VERFASSER UNBEKANNT

Hab Sonne im Herzen,
ob's stürmt oder schneit,
ob der Himmel voll Wolken,
die Erde voll Streit!
Hab Sonne im Herzen,
dann komme was mag;
das leuchtet voll Licht
dir jeden Tag.

VERFASSER UNBEKANNT


Unter Blumen soll dein Leben
fließen wie ein sanfter Bach,
und das große Glück auf Erden
wünsche ich dir jeden Tag.

VERFASSER UNBEKANNT


Drei Wünsche sind es,
die mein Herz dir weiht:
Gesundheit, Glück, Zufriedenheit.

VERFASSER UNBEKANNT

# Als Trost und zum Abschied

Ganz still und leise,
ohne ein Wort,
gingst du von deinen Lieben fort.
Du hast ein gutes Herz besessen,
nun ruht es still,
doch unvergessen.
Es ist so schwer, es zu verstehen,
dass wir dich niemals wiedersehen.

VERFASSER UNBEKANNT


Es weht der Wind ein Blatt vom Baum,
von vielen Blättern eines,
dies eine Blatt, man merkt es kaum,
denn eines ist ja keines.
Doch dieses Blatt allein
war ein Teil von unserem Leben,
drum wird dies eine Blatt allein
uns immer wieder fehlen.

VERFASSER UNBEKANNT

Dein gutes Herz hat aufgehört zu schlagen
und wollte doch so gern noch bei uns sein.
Gott, hilf uns diesen Schmerz zu tragen,
denn ohne dich wird alles anders sein.

VERFASSER UNBEKANNT


Du siehst den Garten nicht mehr grünen,
in dem du einst so froh geschafft.
Siehst deine Blumen nicht mehr blühen,
weil der Tod dir nahm die Kraft.
Was du im Leben hast gegeben,
dafür ist jeder Dank zu klein.
Du hast gesorgt für deine Lieben,
von früh bis spät, tagaus, tagein.
Du warst im Leben so bescheiden,
nur Pflicht und Arbeit kanntest du.
Mit allem warst du stets zufrieden,
nun schlafe sanft in stiller Ruh.

VERFASSER UNBEKANNT

Ganz still und leise, ohne ein Wort,
gingst du von deinen Lieben fort.
Hab tausend Dank für deine Müh',
vergessen werden wir dich nie.

VERFASSER UNBEKANNT


Nun schlumm're sanft in Gottes Frieden.
Gott lohne dich für deine Müh',
ob du auch bist von uns geschieden,
in unseren Herzen stirbst du nie.

VERFASSER UNBEKANNT


Wer treu gewirkt,
bis ihm das Auge bricht,
und liebend stirbt,
ja, den vergisst man nicht.

VERFASSER UNBEKANNT

Zu früh bist du von uns geschieden,
noch mancher Plan sinkt mit ins Grab,
du hast gesorgt für deine Lieben,
bis plötzlich der Tod die Hand dir gab.
Nun ruhe aus, du treues Herz,
der Herr wird lindern unseren Schmerz.

VERFASSER UNBEKANNT


Frag nicht warum, frag nicht wozu,
dann kommt dein Herz niemals zur Ruh'.
Auf dein Wozu, auf dein Warum,
bleibt doch des Schicksals Mund nur stumm.
Gott weiß warum, Gott weiß wozu,
dies Wissen gibt dem Herzen Ruh'.

VERFASSER UNBEKANNT

# Zeit

So wandelt sie im ewig gleichen Kreise,
Die Zeit, nach ihrer alten Weise,
Auf ihrem Wege taub und blind.
Das unbefangene Menschenkind
Erwartet stets vom nächsten Augenblick
Ein unverhofftes seltsam neues Glück.
Die Sonne geht und kehret wieder,
Kommt Mond und sinkt die Nacht hernieder,
Die Stunden die Wochen abwärts leiten,
Die Wochen bringen die Jahreszeiten.
Von außen nichts sich je erneut.
In dir trägst du die wechselnde Zeit,
in dir nur Glück und Begebenheit!

LUDWIG TIECK

## Es ist alles eitel

Du siehst, wohin du siehst, nur Eitelkeit auf Erden.
Was dieser heute baut, reißt jener morgen ein;
Wo jetzund Städte stehn, wird eine Wiese sein,
Auf der ein Schäferskind wird spielen mit den Herden:

Was jetzund prächtig blüht, soll bald zertreten werden;
Was jetzt so pocht und trotzt, ist morgen Asch und Bein;
Nichts ist, das ewig sei, kein Erz, kein Marmorstein.
Jetzt lacht das Glück uns an, bald donnern die Beschwerden.

Der hohen Taten Ruhm muss wie ein Traum vergehn.
Soll denn das Spiel der Zeit, der leichte Mensch, bestehn?
Ach, was ist alles dies, was wir für köstlich achten,

Als schlechte Nichtigkeit, als Schatten, Staub und Wind,
Als eine Wiesenblum, die man nicht wieder find't!
Noch will, was ewig ist, kein einig Mensch betrachten.

ANDREAS GRYPHIUS

## Immer enger ...

Immer enger, leise, leise
Ziehen sich die Lebenskreise,
Schwindet hin, was prahlt und prunkt,
Schwindet hoffen, hassen, lieben,
Und ist nichts in Sicht geblieben
Als der letzte dunkle Punkt.

THEODOR FONTANE


Dreifach ist der Schritt der Zeit:
Zögernd kommt die Zukunft hergezogen,
pfeilschnell ist das Jetzt verflogen,
ewig still steht die Vergangenheit.

FRIEDRICH VON SCHILLER

Das Schlimmste, was uns widerfährt,
das werden wir vom Tag gelehrt.
Wer in dem Gestern Heute sah,
dem geht das heut' nicht allzu nah,
und wer im Heute sieht das Morgen,
der wird sich rühren, wird sich sorgen.

JOHANN WOLFGANG VON GOETHE


Nichts hat in der Welt bestand:
was da kommt, muss scheiden,
und so reichen sich die Hand
immer Freud und Leiden.

HOFFMANN VON FALLERSLEBEN

Tröste dich, die Stunden eilen,
und was dich auch bedrücken mag,
auch die schlimmste kann nicht weilen,
und es kommt ein andrer Tag.

In dem ew'gen Kommen, Schwinden,
wie der Schmerz liegt auch das Glück,
und auch heitre Bilder finden
ihren Weg zurück.

Harre, hoffe! Nicht vergebens
zählest du der Stunden Schlag:
Wechsel ist das Los des Lebens,
und es kommt ein andrer Tag.

THEODOR FONTANE


Unsere Zeit vergeht geschwind,
nimm die Stunden, wie sie sind,
sind sie bös, lass sie vorüber,
sind sie gut, dann freu dich drüber.

VERFASSER UNBEKANNT

Denk stets, wenn dir etwas nicht gefällt:
»Es währt nichts ewig auf dieser Welt.«
Der kleinste Ärger, die größte Qual,
sind nicht von Dauer, sie enden mal.
Drum sei dein Trost, was immer sei:
»In fünfzig Jahren ist alles vorbei!«

VERFASSER UNBEKANNT


Scheint dir auch mal das Leben rau,
sei still und zage nicht:
die Zeit, die alte Bügelfrau,
macht alles wieder schlicht!

VERFASSER UNBEKANNT


Der Glaube, wie ein Senfkorn groß,
versenkt den Berg ins Meer.
Denk, was er könnte tun,
wenn er ein Kürbis wär.

VERFASSER UNBEKANNT

## Der Glaube

Eines Tags bei Kohlhasficht
sah man etwas Wunderbares.
Doch dass zweifellos und wahr es,
dafür bürgt das Augenlicht.

Nämlich standen dort zwei Hügel,
höchst solid und wohl bestellt;
einen schmückten Windmühlflügel
und den andern ein Kornfeld.

Plötzlich eines Tags um viere
wechselten die Plätze sie;
furchtbar brüllten die Dorfstiere,
und der Mensch fiel auf das Knie.

Doch der Bauer Anton Metzer,
weit berühmt als frommer Mann,
sprach: »Ich war der Landumsetzer,
zeigt mich nur dem Landrat an.

Niemand anders als mein Glaube
hat die Berge hier versetzt.
Dass sich keiner was erlaube:
Denn ich fühle stark mich jetzt.«

Aller Auge stand gigantisch
offen, als er dies erzählt.
Doch das Land war protestantisch,
und in Dalldorf starb ein Held.

CHRISTIAN MORGENSTERN

Der Glaube, die Liebe, die Hoffnung sei dein,
ein Kränzchen fürs eilende Leben.
Und blüht's auch nicht immer im Sonnenschein,
soll's dich doch duftend umschweben.
Und wenn dich auf Erden auch alles verlässt,
der Glaube, die Liebe, die Hoffnung hält's fest.

VERFASSER UNBEKANNT

Wechselnde Pfade,
Schatten und Licht:
Alles ist Gnade,
Fürchte dich nicht.

VERFASSER UNBEKANNT


Zu Ende sind die Leidensstunden,
du schließt die müden Augen zu;
die schwere Zeit ist überwunden,
wir gönnen dir die ewige Ruh'!

VERFASSER UNBEKANNT


Stark im Glauben,
offen im Blick,
immer vorwärts,
niemals zurück.

VERFASSER UNBEKANNT

## Die Mannigfaltigkeit

Viele sind gut und verständig; doch zählen für einen nur alle,
Denn sie regiert der Begriff, ach! nicht das liebende Herz.
Traurig herrscht der Begriff, aus tausendfach wechselnden
Formen
Bringet er dürftig und leer ewig nur eine hervor;
Aber von Leben rauscht es und Lust, wo bildend die
Schönheit
Herrschet; das ewige Eins wandelt sie tausendfach neu.

FRIEDRICH VON SCHILLER


Schlägt dir die eine Hoffnung fehl,
nie fehle dir das Hoffen,
denn nur ein Tor ist zugetan,
doch tausend stehn noch offen.

FRIEDRICH RÜCKERT

Wenn ich 'mal ungeduldig werde,
Denk' ich an die Geduld der Erde,
Die, wie man sagt, sich täglich dreht
Und jährlich so wie jährlich geht.
Bin ich denn für was andres da? –
Ich folge der lieben Frau Mama.

JOHANN WOLFGANG VON GOETHE


Grausam unter stillen Sternen
würgt das Leben dich kaputt.
Heulst du?
Lass dich nicht entkernen:
Lachen ist dein Menschengut!

FRANÇOIS RABELAIS


Ist nicht ein ungestörtes Glück
weit schwerer oft zu tragen
als selbst das widrigste Geschick,
bei dessen Last wir klagen?

CHRISTIAN FÜRCHTEGOTT GELLERT

Das Leben gibt,
das Leben nimmt,
geht seinen Lauf,
wie's Gott bestimmt.
Es führt ins Glück,
es führt durchs Leid,
doch währet alles seine Zeit!
Halt immer still,
ist's oft auch trüb,
wie es auch kommt –
Gott hat dich lieb.
Sei nie verzagt
und wäg und wag!
Gott kommt zu dir
an jedem Tag!

VERFASSER UNBEKANNT


Emsiges Ringen führt zum Gelingen.
Baust du nicht fort, so stürzt alles dir ein.
Nimmer verzagen! Frisch wieder wagen!
Tröpflein auf Tröpflein durchhöhlt auch dein' Stein.

VERFASSER UNBEKANNT

Lass das Köpfle nie hängen,
hab stets frohen Mut,
einst wird's wieder helle,
einst wird alles gut.

VERFASSER UNBEKANNT

Hoffnung ist ein fester Stab
und Geduld ein Reisekleid,
da man mit durch Welt und Grab
wandert in die Ewigkeit.

FRIEDRICH VON LOGAU

Lass den Mut nicht sinken,
wenn der Himmel grau,
zwischen dunklen Wolken
wird er wieder blau.
Leichter trägt, was er trägt,
wer Geduld zur Bürde legt.

VERFASSER UNBEKANNT

Verdrieße dich nicht darüber,
dass der Rosenstrauch Dornen trägt,
sondern freue dich,
dass der Dornenstrauch Rosen trägt.

VERFASSER UNBEKANNT


Nicht jedes Herz wird für dich schlagen,
nicht jeder Mensch wird dich versteh'n.
Was Gott dir schickt, musst du ertragen
und freudig seine Wege geh'n.

VERFASSER UNBEKANNT


Frage nicht, was das Geschick
morgen will beschließen.
Unser ist der Augenblick,
lass uns den genießen.

VERFASSER UNBEKANNT

Sei tapfer im Leben,
tu deine Pflicht,
und zeige dem Tag
kein Sorgengesicht.
Über den Sternen
hält einer die Wacht,
der fügt es besser,
als du dir's gedacht.

VERFASSER UNBEKANNT


Frage nicht, was Menschen sagen,
tue das, was deine Pflicht.
Gott wird nicht die Menschen fragen,
wenn er dir das Urteil spricht.

VERFASSER UNBEKANNT

Genieße, was dir Gott beschieden,
entbehre gern, was du nicht hast.
Ein jeder Stand hat seinen Frieden,
ein jeder Stand hat seine Last.

VERFASSER UNBEKANNT

In Leid und Sorg' und Plagen
sei stark und tu nicht zagen,
nimm alles, wie's der Herr schickt aus!
Das Deine tu mit Stärke,
so wird's ein gutes Werke,
und Segen strömet auf dein Haus!

VERFASSER UNBEKANNT

Was du nicht ändern kannst,
ertrage stark und still,
weil Gott oft wunderbar
durch Lasten segnen will.

VERFASSER UNBEKANNT

Tröste dich, die Stunden eilen
und was all dich drücken mag,
auch das Schlimmste kann nicht weilen,
und es kommt ein andrer Tag.

VERFASSER UNBEKANNT


Lass dich nicht unterkriegen,
zeig nur kein trüb Gesicht.
Mit Lachen wirst du siegen,
mit Tränen schaffst du's nicht.

VERFASSER UNBEKANNT


Wenn dich die Nebel des Trübsinns umgarnen,
heb zu den Sternen den sinkenden Mut;
hab zu dir selbst recht festes Vertrauen,
Guten ergeht es am Ende stets gut.

VERFASSER UNBEKANNT

Ich trage ein Lichtlein durch Nebel und Graus,
das blasen die wildesten Stürme nicht aus.
Das Lichtlein heißt Freude, und Lieb hüllt es ein,
mein Herz ist ein König, die Erde ist mein.

VERFASSER UNBEKANNT


Sich selbst bekämpfen
ist der allerschwerste Krieg,
sich selbst besiegen
ist der allerschönste Sieg.

VERFASSER UNBEKANNT


Wind und Wetter
werden vom Schicksal gesandt,
aber steuern musst du
mit eigener Hand.

VERFASSER UNBEKANNT

In einigen Fällen war es nicht möglich, für den Abdruck der Texte die Rechteinhaber zu ermitteln. Honoraransprüche der Autoren, Verlage und ihrer Rechteinhaber bleiben erhalten.

© 2005 arsEdition GmbH, München
Alle Rechte vorbehalten
Konzept und Realisation © 2004 Livingston Media
Matthias Müller-Michaelis
Projektleitung: Michaela Plump
Titelbild: Andrea Tilk
Umschlaggestaltung, Layout und Satz:
Eva Schindler, Ebersberg
ISBN-10: 3-7607-2377-2
ISBN-13: 978-3-7607-2377-8

www.arsedition.de